DOMINA YOUTUBE

DE CERO A MILLONES DE SUSCRIPTORES

DAVID SANDUA

Domina YouTube: De Cero a Millones de Suscriptores.
© David Sandua 2024. Todos los derechos reservados.
Edición electrónica y de bolsillo.

*"No me importa el dinero.
Me importa la gente".*

MrBeast (Jimmy Donaldson)

ÍNDICE

I. INTRODUCCIÓN 10
   VISIÓN GENERAL DE YOUTUBE COMO PLATAFORMA 11
   IMPORTANCIA DEL NÚMERO DE ABONADOS 13
   OBJETIVO DEL LIBRO 14

II. ENTENDER YOUTUBE 17
   HISTORIA Y EVOLUCIÓN DE YOUTUBE 18
   EL PAPEL DE YOUTUBE EN LOS MEDIOS DIGITALES 20
   DEMOGRAFÍA DE LOS USUARIOS DE YOUTUBE 22

III. CREAR UN CANAL DE YOUTUBE 25
   ELEGIR UN NICHO 27
   CONFIGURAR TU CANAL 28
   ELABORAR LA DESCRIPCIÓN DE UN CANAL 30

IV. DESARROLLAR UNA ESTRATEGIA DE CONTENIDOS 33
   IDENTIFICAR EL PÚBLICO OBJETIVO 34
   TIPOS DE CONTENIDO Y FORMATOS 36
   PLANIFICAR UN CALENDARIO DE CONTENIDOS 38

V. CREAR UNA MARCA PERSONAL 42
   CREAR UNA IDENTIDAD ÚNICA 43
   DISEÑAR EL ARTE Y EL LOGOTIPO DEL CANAL 45
   ESTABLECER UNA VOZ COHERENTE 47

VI. FUNDAMENTOS DE LA PRODUCCIÓN DE VÍDEO 49
   NECESIDADES DE EQUIPAMIENTO Y SOFTWARE 50
   GUIÓN Y STORYBOARD 53
   TÉCNICAS DE FILMACIÓN 54

VII. EDITAR TUS VÍDEOS 57
   ELEGIR EL SOFTWARE DE EDICIÓN 58
   ESTILOS Y TÉCNICAS DE EDICIÓN 60
   AÑADIR MÚSICA Y EFECTOS DE SONIDO 62

VIII. MINIATURAS Y TÍTULOS 64
   IMPORTANCIA DE LAS MINIATURAS 65
   CREAR TÍTULOS QUE MEREZCAN LA PENA 67
   PRUEBAS A/B DE MINIATURAS Y TÍTULOS 68

IX. ENTENDER LOS ALGORITMOS DE YOUTUBE 71
   CÓMO FUNCIONA EL ALGORITMO 72
   FACTORES QUE AFECTAN A LA CLASIFICACIÓN DE LOS VÍDEOS 74
   ESTRATEGIAS PARA TRABAJAR CON EL ALGORITMO 76

X. OPTIMIZAR LAS DESCRIPCIONES DE LOS VÍDEOS 80
   IMPORTANCIA DE LAS DESCRIPCIONES 81
   BÚSQUEDA Y USO DE PALABRAS CLAVE 83
   LLAMADAS A LA ACCIÓN EN LAS DESCRIPCIONES 85

XI. INTERACTUAR CON TU PÚBLICO 88
   RESPONDER A LOS COMENTARIOS 89
   CREAR PUESTOS COMUNITARIOS 91
   SESIONES DE PREGUNTAS Y RESPUESTAS EN DIRECTO 93

XII. PROMOCIONAR TUS VÍDEOS 95
ESTRATEGIAS DE MARKETING EN REDES SOCIALES 97
COLABORACIONES CON OTROS CREADORES 98
OPCIONES DE PUBLICIDAD DE PAGO 100

XIII. ANÁLISIS DEL RENDIMIENTO DEL VÍDEO 103
USO DE YOUTUBE ANALYTICS 104
MÉTRICAS CLAVE A SEGUIR 106
AJUSTAR LAS ESTRATEGIAS EN FUNCIÓN DE LOS DATOS 108

XIV. OPCIONES DE MONETIZACIÓN 111
PROGRAMA DE SOCIOS DE YOUTUBE 112
PATROCINIOS Y ACUERDOS CON MARCAS 114
MERCHANDISING Y MARKETING DE AFILIACIÓN 116

XV. CONSTRUIR UNA COMUNIDAD 119
CREAR UNA BASE DE FANS LEALES 120
INTERACTUAR CON LOS FANS FUERA DE LA PLATAFORMA 122
ORGANIZAR ACTOS Y REUNIONES 124

XVI. MANTENER LA COHERENCIA 126
IMPORTANCIA DE LAS SUBIDAS REGULARES 128
CREAR UN HORARIO SOSTENIBLE 129
EQUILIBRAR CALIDAD Y CANTIDAD 131

XVII. ADAPTARSE A LAS TENDENCIAS 134
IDENTIFICAR LAS TENDENCIAS ACTUALES 135
INTEGRAR LAS TENDENCIAS EN LOS CONTENIDOS 137
SEGUIR SIENDO RELEVANTE EN UN PANORAMA CAMBIANTE 139

XVIII. MANEJO DE LA CRÍTICA Y LA NEGATIVIDAD 141
RESPONDER A LOS COMENTARIOS NEGATIVOS 142
APRENDER DE LAS CRÍTICAS 144
MANTENER EL BIENESTAR MENTAL 145

XIX. CONSIDERACIONES LEGALES Y DE DERECHOS DE AUTOR 148
COMPRENDER LAS LEYES DE DERECHOS DE AUTOR 149
USO JUSTO Y CREACIÓN DE CONTENIDOS 151
PROTEGER TU CONTENIDO 153

XX. TRABAJO EN RED CON OTROS CREADORES 156
ESTABLECER RELACIONES EN LA COMUNIDAD 157
ASISTENCIA A CONFERENCIAS Y ACTOS 159
CREACIÓN COLABORATIVA DE CONTENIDOS 160

XXI. ESCALANDO TU CANAL 163
ESTRATEGIAS DE CRECIMIENTO 165
AMPLIAR LA OFERTA DE CONTENIDOS 167
PLATAFORMAS DIVERSIFICADORAS 169

XXII. CASOS PRÁCTICOS DE CREADORES DE ÉXITO 171
ANALIZANDO A LOS MEJORES YOUTUBERS 172
LECCIONES APRENDIDAS DE SUS VIAJES 175
APLICAR ESTRATEGIAS DE ÉXITO 177

XXIII. EL FUTURO DE YOUTUBE 180
TENDENCIAS EMERGENTES EN LA CREACIÓN DE CONTENIDOS 182
PREDICCIONES PARA LA PLATAFORMA 183
ADAPTARSE A LOS CAMBIOS FUTUROS 185

XXIV. ERRORES COMUNES QUE DEBES EVITAR 188
   ESCOLLOS EN LA CREACIÓN DE CONTENIDOS 189
   ERRORES EN LAS ESTRATEGIAS DE MARKETING 191
   EVITAR EL AGOTAMIENTO 193

XXV. RECURSOS PARA CREADORES DE YOUTUBE 195
   CURSOS Y TUTORIALES EN LÍNEA 196
   LIBROS Y GUÍAS 198
   GRUPOS DE APOYO COMUNITARIO 200

XXVI. CONCLUSIÓN 203
   RECAPITULACIÓN DE ESTRATEGIAS CLAVE 204
   ÁNIMO A LOS ASPIRANTES A CREADORES 206
   REFLEXIONES FINALES SOBRE EL ÉXITO EN YOUTUBE 207
   LLAMADA A LA ACCIÓN PARA SEGUIR APRENDIENDO 209

BIBLIOGRAFÍA 212

I. INTRODUCCIÓN

El rápido ascenso de YouTube como plataforma de creación y consumo de contenidos ha transformado la forma en que las personas comunican y comparten sus historias. Surgidos de humildes comienzos, muchos creadores de YouTube se embarcan en un viaje caracterizado por la creatividad, la perseverancia y el pensamiento estratégico. El atractivo de alcanzar millones de suscriptores puede ser tentador, pero el camino para conseguirlo suele estar plagado de desafíos. Este ensayo pretende desmitificar el proceso desglosándolo en pasos y estrategias procesables que han dado buenos resultados a numerosos creadores de contenidos. Al examinar los matices de la marca, la participación de la audiencia y la calidad de la producción, el debate pondrá de relieve los componentes esenciales que contribuyen al crecimiento sostenido en la plataforma. Navegar por las complejidades de los algoritmos y tendencias de YouTube es clave para los aspirantes a creadores de contenidos que deseen captar y retener la atención de la audiencia. Comprender cómo los algoritmos de las plataformas dan prioridad a determinados contenidos puede influir enormemente en la capacidad de un creador para ganar visibilidad. Este ensayo explorará varias tácticas que permiten a los creadores optimizar sus vídeos, asegurándose de que cumplen los criterios necesarios para un mejor posicionamiento en los resultados de búsqueda y en los feeds recomendados. No se puede pasar por alto el papel de la analítica de datos a la hora de dar forma a las estrategias de contenido. Utilizando la información de los patrones de audiencia y las métricas de participación, los creadores pueden adaptar mejor sus ofertas a las preferencias de la audiencia, fomentando una conexión más profunda con los espectadores y, en última instancia, impulsando el aumento de suscriptores.

El camino hacia la consecución de millones de suscriptores requiere no sólo talento y creatividad, sino también un profundo conocimiento de la dinámica del marketing y las redes sociales. La coherencia en la producción de contenidos es primordial, ya que establece una sensación de fiabilidad y expectación entre los espectadores. La adaptación es igualmente crítica en el panorama digital actual, en rápida evolución, donde las tendencias pueden cambiar de la noche a la mañana. Este ensayo pretende capacitar tanto a los principiantes como a los creadores experimentados, dotándoles de estrategias innovadoras que mejoren su presencia en el mercado. Desde el aprovechamiento de las redes sociales para crear conciencia de marca hasta la comprensión de los entresijos de la monetización del canal, las ideas proporcionadas servirán como guía completa para cualquiera que desee prosperar en YouTube y tener un impacto duradero en el ámbito digital.

VISIÓN GENERAL DE YOUTUBE COMO PLATAFORMA

Lanzado en 2005, YouTube ha evolucionado hasta convertirse en una plataforma polifacética que no sólo sirve para compartir vídeos, sino también como red social dinámica. Esta transformación permite a los creadores de contenidos relacionarse con audiencias de todo el mundo, facilitando conexiones que van más allá de los confines de los medios de comunicación tradicionales. Con más de 2.000 millones de usuarios conectados al mes, YouTube representa una gran oportunidad para que los creadores accedan a un grupo demográfico amplio y diverso. Los intrincados algoritmos de la plataforma están diseñados para promover la retención de espectadores, animando a los creadores a centrarse en producir contenidos atractivos y de alta calidad que resuenen con su audiencia. Al comprender estos algoritmos y la forma en que dan prioridad a determinados tipos de vídeos, los creadores pueden mejorar eficazmente su visibilidad y atraer a más suscriptores. Navegar por el paisaje algorítmico de YouTube requiere un enfoque estratégico de la creación de contenidos y el marketing. Los elementos clave incluyen la optimización de palabras clave, títulos de vídeo eficaces y el uso de miniaturas atractivas para captar el interés inicial. Los metadatos de los vídeos, como las descripciones y las etiquetas, desempeñan un papel crucial para garantizar que el contenido pueda ser descubierto por la audiencia adecuada. Los creadores deben tener en cuenta las métricas de participación de la audiencia, como el tiempo de visionado y los "me gusta", que influyen significativamente en la frecuencia con que se recomiendan sus vídeos. Estos factores ponen de relieve la importancia de la analítica para dar forma a las estrategias de contenido y guiar a los creadores hacia la producción de vídeos que no sólo atraigan visitas, sino que también fomenten una base de suscriptores leales. Al dar prioridad a estos aspectos, los productores de contenidos pueden establecer una fuerte presencia en la plataforma y aprovechar su crecimiento de forma eficaz. Más allá de sus elementos técnicos, YouTube también sirve como una potente plataforma para la creación de marcas y el desarrollo de audiencias. Los creadores de éxito suelen cultivar una marca personal que resuene con sus espectadores, lo que permite que la autenticidad y la relacionabilidad brillen a través de sus vídeos. Esta creación de marca va más allá del contenido y se extiende al marketing en las redes sociales, donde los creadores cultivan su personalidad online en varias plataformas, dirigiendo el tráfico a sus canales de YouTube. La creación coherente de contenidos es primordial; las subidas regulares mantienen a la audiencia interesada y deseosa de nuevo material. La adaptabilidad en respuesta a la evolución de las tendencias, las preferencias de los espectadores y las actualizaciones de las plataformas es crucial para el éxito a largo plazo. Al integrar estos principios, los aspirantes a YouTubers no sólo pueden aumentar su número de suscriptores, sino también forjar conexiones significativas que cultiven la comunidad y la lealtad entre los espectadores.

IMPORTANCIA DEL NÚMERO DE ABONADOS

Un elevado número de suscriptores es un indicador crucial de la credibilidad y el alcance de un canal de YouTube. En una era en la que el consumo digital ha aumentado drásticamente, los usuarios suelen gravitar hacia los creadores con más seguidores, ya que los perciben como más fiables o entretenidos. Este comportamiento de consumo se basa en la prueba social: cuando los espectadores ven que un canal tiene miles o millones de suscriptores, influye inherentemente en su percepción y les anima a unirse al redil. En consecuencia, una sólida base de suscriptores no sólo amplifica las visitas, sino que también fomenta un sentimiento de comunidad y pertenencia entre los espectadores, reforzando su compromiso con el contenido del canal. Un número considerable de suscriptores abre la puerta a las oportunidades de monetización, permitiendo a los creadores maximizar sus ganancias a través de fuentes de ingresos diversificadas. Las marcas que buscan influencers para asociarse suelen dar prioridad a los canales con un número significativo de seguidores para asegurarse de que sus productos llegan a un público amplio y comprometido. Esto puede dar lugar a acuerdos de patrocinio, colocación de productos y oportunidades de marketing de afiliación que pueden aumentar exponencialmente los ingresos de los creadores. El propio YouTube recompensa a los canales con una mayor base de suscriptores dando prioridad a su contenido en las recomendaciones y los resultados de búsqueda, creando un círculo virtuoso de visibilidad y potencial de ingresos. El viaje de cero a millones de suscriptores resume el crecimiento de un creador y su adaptación al paisaje en constante evolución de la plataforma. Esta experiencia cultiva la resiliencia, ya que los productores de contenidos deben perfeccionar continuamente sus habilidades, analizar los comentarios de la audiencia y mantenerse al día de los cambios de algoritmo. Las estrategias que conducen al aumento de suscriptores -como optimizar los títulos y las descripciones de los vídeos, utilizar diseños de miniaturas eficaces y mantener un calendario de subidas coherente- contribuyen al dominio general de la plataforma por parte de los creadores. Conseguir un número significativo de suscriptores no sólo simboliza el éxito, sino que también representa un profundo conocimiento de la participación de la audiencia y la optimización de contenidos, elementos esenciales para la sostenibilidad a largo plazo en el competitivo mundo de YouTube.

OBJETIVO DEL LIBRO
En medio del panorama en constante evolución de los contenidos digitales, comprender los mecanismos que subyacen al éxito de YouTube puede ayudar a los creadores a hacerse un hueco.

Conseguir millones de suscriptores requiere una comprensión exhaustiva de la dinámica del contenido, la participación de la audiencia y los matices del algoritmo. Este ensayo trata de iluminar las diversas estrategias que aplican los YouTubers de éxito, estableciendo una hoja de ruta para principiantes y veteranos por igual. Al diseccionar las técnicas de construcción de marca y narración auténtica, los lectores descubrirán los ingredientes que atraen a los espectadores y les hacen volver a por más. La síntesis de teoría y práctica proporcionará un enfoque completo a los aspirantes a creadores deseosos de elevar sus plataformas. Descifrar los algoritmos de YouTube es fundamental para mejorar la visibilidad y el alcance de los contenidos. Muchos creadores en ciernes pasan por alto la relación crucial entre las métricas de rendimiento de los vídeos y la promoción algorítmica. En este ensayo, se hará hincapié en el análisis de los indicadores clave de rendimiento, como el tiempo de visionado, el porcentaje de clics y la retención de la audiencia. Equipados con este conocimiento, los aspirantes a YouTubers pueden adaptar estratégicamente su contenido para alinearlo con las preferencias algorítmicas, ampliando así su audiencia y aumentando el número de suscriptores. Se explorarán técnicas como el empleo de palabras clave específicas, miniaturas atractivas y calendarios de publicación óptimos para maximizar la audiencia potencial y el aumento de suscriptores.

Esta exploración va más allá de los meros tecnicismos; también profundiza en las implicaciones más amplias de la creación de comunidades y el compromiso sostenido. No se puede exagerar la importancia de establecer una base de espectadores leales en un entorno de medios sociales dominado por la fugacidad de la atención. Los creadores deben cultivar activamente las relaciones con su público, fomentando la interacción y los comentarios a través de diversos canales. Este ensayo pretende destacar la importancia de la coherencia, la adaptabilidad y las estrategias de marketing innovadoras para fomentar un canal de YouTube próspero. Al mostrar ejemplos reales de creadores de éxito, el ensayo pretende motivar a los lectores en su viaje, dotándoles de las herramientas necesarias no sólo para empezar de cero, sino para prosperar en un ámbito cada vez más competitivo.

II. ENTENDER YOUTUBE

Navegar por el complejo panorama de YouTube exige un profundo conocimiento de la participación de la audiencia y de los algoritmos de la plataforma. Los creadores de éxito reconocen que el contenido no sólo debe cautivar, sino también resonar con grupos demográficos de espectadores específicos. Esto implica crear una voz distinta y un estilo narrativo que se alinee con los intereses y valores del público objetivo. Mediante una investigación exhaustiva de la audiencia, los creadores pueden identificar los temas de moda y los contenidos de siempre que prometen atraer y retener a los espectadores. No hay que subestimar la importancia de la participación inicial, como los "me gusta" y los comentarios; estas métricas alimentan el sistema de recomendaciones de YouTube, propenso a favorecer los vídeos que despiertan la interacción. En esencia, comprender a la audiencia -y lo que la impulsa a interactuar- permite a los creadores producir contenidos que fomentan la comunidad y, en última instancia, impulsan el crecimiento de suscriptores. Igualmente significativo es el papel de la analítica de datos en la configuración de la estrategia de contenidos. YouTube ofrece un conjunto de herramientas que permiten a los creadores analizar el comportamiento de los espectadores y las métricas de rendimiento. Analizar el tiempo de visionado, los índices de retención y la información demográfica proporciona a los creadores información para planificar y difundir sus contenidos. Los creadores pueden determinar qué tipos de vídeos funcionan mejor e identificar los momentos en que los espectadores abandonan. Esta información no sólo facilita la mejora específica de los contenidos existentes, sino que también inspira nuevas ideas de vídeo que se ajusten a las preferencias de la audiencia. Al comprender los patrones de audiencia, los creadores pueden adaptar sus estrategias para garantizar la longevidad en un panorama digital en rápida evolución, tomando decisiones basadas en datos que fomenten el crecimiento y la participación.

La adaptabilidad se ha convertido en un rasgo esencial para cualquier YouTuber que aspire al éxito a largo plazo. Los algoritmos de la plataforma y las preferencias de los usuarios pueden cambiar drásticamente, lo que exige un enfoque flexible de la creación de contenidos y las estrategias de marketing. Los creadores deben aprender y aplicar continuamente nuevas habilidades, ya sea adoptando tendencias emergentes como los vídeos cortos o integrando la transmisión en directo en su repertorio. La capacidad de cambiar en función de los comentarios y los datos es crucial; lo que hoy resuena entre los espectadores puede no mantener su atención mañana. Al mantenerse informados sobre las tendencias del sector y las actualizaciones de la plataforma, los creadores se posicionan no sólo para superar los retos, sino también para aprovechar las oportunidades de expansión. Así pues, el viaje a través de YouTube no consiste únicamente en producir contenidos: es un proceso dinámico de crecimiento, aprendizaje y resistencia.

HISTORIA Y EVOLUCIÓN DE YOUTUBE

Lanzada en febrero de 2005, la plataforma pasó rápidamente de ser un simple sitio para compartir vídeos a un icono multimedia colosal. Entre los primeros usuarios se encontraban particulares y pequeñas entidades que adoptaron la democratización de los contenidos de vídeo, subiendo de todo, desde vlogs personales a cortometrajes artísticos. En noviembre de ese año,

YouTube había ganado suficiente tracción como para captar el interés de Google, que lo adquirió en noviembre de 2006 por 1.650 millones de dólares en acciones. Esta adquisición catalizó cambios sustanciales, como la introducción de una mejor infraestructura, una experiencia de usuario mejorada y oportunidades de monetización para los creadores. El creciente compromiso de la empresa por mejorar la calidad y la accesibilidad de los contenidos, junto con unas sólidas capacidades publicitarias, posicionaron a YouTube como una plataforma esencial para el marketing y el entretenimiento. A medida que evolucionaba el panorama digital, YouTube seguía el ritmo de estas transformaciones. La introducción de funciones como la transmisión en directo, el vídeo de 360 grados y el Super Chat amplió las posibilidades creativas de los creadores de contenidos. El programa de asociación lanzado en 2007 permitió a los creadores obtener ingresos mediante anuncios, fomentando un ecosistema vibrante que incentivaba la producción de contenidos de alta calidad. Los cambios estratégicos implementados en los algoritmos alteraron la visibilidad, empujando a los creadores a comprender mejor a su audiencia y a centrarse en el compromiso. YouTube también empezó a hacer hincapié en la creación de comunidades, a través de funciones como las suscripciones, los comentarios y las publicaciones de la comunidad. Estas innovaciones ayudaron a alimentar un espacio dinámico en el que los creadores podían fomentar relaciones leales con los espectadores, ampliando en última instancia su alcance e influencia. Con la aparición de hábitos de consumo que dan prioridad al móvil y el auge de las plataformas de medios sociales, YouTube ha adaptado aún más su estrategia para mantener su relevancia.

El lanzamiento de YouTube Shorts en 2020 posicionó a la plataforma como competidora dentro del floreciente mercado del vídeo vertical. Este giro estratégico aprovechó la creciente preferencia por contenidos del tamaño de un bocado, similares a los de TikTok. El algoritmo de YouTube sigue evolucionando y cada vez es más sofisticado a la hora de promover vídeos que aumenten la participación de los espectadores. Estos cambios suponen un reto para los creadores de contenidos, que deben seguir siendo ágiles en sus enfoques y, al mismo tiempo, aprovechar las tendencias emergentes. Al aceptar el cambio y aprender a aprovechar las nuevas funciones, los creadores pueden navegar por este ecosistema digital interconectado, reforzando así su posición en el panorama competitivo que YouTube ha cultivado durante casi dos décadas.

EL PAPEL DE YOUTUBE EN LOS MEDIOS DIGITALES

Una exploración de YouTube revela su transformación de mera plataforma de intercambio de vídeos a piedra angular de los medios digitales, con repercusiones tanto para los creadores como para el público. Esta evolución se ve subrayada por su papel pionero en la democratización de la creación de contenidos, permitiendo que cualquier persona con acceso a Internet comparta su voz. En consecuencia, los medios de comunicación tradicionales han tenido que adaptar sus estrategias para atraer a los espectadores, que cada vez prefieren más la autenticidad y la relacionabilidad que ofrece YouTube. Como millones de creadores de contenidos suben vídeos a diario, la plataforma cultiva un abanico diverso de perspectivas y narrativas, enriqueciendo el panorama general de los medios de comunicación. Este cambio no sólo desafía las normas establecidas, sino que también fomenta técnicas narrativas innovadoras, ya que los creadores experimentan con formatos, géneros y estilos en busca del compromiso de la audiencia. Además de dar forma a la creación de contenidos, los algoritmos de YouTube desempeñan un papel fundamental a la hora de definir qué contenidos se hacen populares. El sistema de recomendaciones sirve para conectar a los espectadores con temas que coinciden con sus intereses, influyendo drásticamente en los hábitos y tendencias de visualización. A través de los datos, los creadores de contenidos pueden optimizar sus vídeos para alinearlos con las palabras clave de moda, las preferencias de los espectadores y las métricas de participación. En este contexto, comprender las complejidades algorítmicas permite a los creadores mejorar su visibilidad y alcance, creando una relación simbiótica entre la tecnología de la plataforma y el contenido generado por el usuario. La interacción entre la dinámica de la comunidad y la precisión algorítmica fomenta un entorno en el que el éxito es alcanzable, pero requiere un pensamiento estratégico, un esfuerzo constante y el compromiso de comprender los comportamientos de la audiencia.

YouTube ha revolucionado las estrategias de monetización en el ámbito de los medios digitales, permitiendo a los creadores convertir la pasión en beneficios. A medida que la plataforma introduce funciones como los Super Chats, las afiliaciones a canales y el reparto de ingresos por publicidad, permite a los creadores de contenidos generar ingresos sostenibles de sus canales. Esta diversificación de las fuentes de ingresos no sólo incentiva el cumplimiento de las directrices de la comunidad de YouTube, sino que también anima a los creadores a innovar continuamente sus contenidos. Los creadores de éxito aprovechan plataformas fuera de YouTube, entrelazando el marketing en redes sociales con las estrategias de crecimiento de sus canales para ampliar su alcance y participación. Este enfoque polifacético de la monetización ilustra cómo YouTube no sólo da forma al panorama de los medios digitales, sino que también redefine la economía de los creadores, haciendo que el camino hacia el éxito sea a la vez complejo y accesible para los aspirantes a influenciadores.

DEMOGRAFÍA DE LOS USUARIOS DE YOUTUBE

Los creadores de contenidos deben comprender el diverso panorama demográfico de los usuarios de YouTube para adaptar sus estrategias con eficacia. La plataforma atrae a una amplia gama de espectadores, lo que refleja una audiencia global dinámica con intereses y preferencias diversos. Según un estudio del Pew Research Center de 2023, aproximadamente el 81% de los adultos estadounidenses de entre 18 y 29 años utilizan YouTube, lo que subraya su dominio entre los grupos demográficos más jóvenes. En cambio, alrededor del 50% de los mayores de 65 años también utilizan la plataforma. Estas estadísticas revelan que, aunque los jóvenes siguen a la cabeza de la base de espectadores de YouTube, los grupos de mayor edad se sienten cada vez más atraídos por su amplia gama de contenidos, lo que amplía los segmentos de mercado potenciales para los creadores. Comprender estos datos demográficos ayuda a elaborar mensajes y tipos de contenido que resuenen bien entre el público objetivo. La composición por sexos de los usuarios de YouTube ofrece información importante para los creadores que quieran perfeccionar sus estrategias de contenido. La investigación indica que, aunque la plataforma tiene una división casi equitativa entre usuarios masculinos y femeninos, hay variaciones notables en los patrones de consumo de contenidos. Las mujeres son más propensas a consumir contenidos de estilo de vida, belleza y bienestar, mientras que los hombres se inclinan predominantemente por los juegos, la tecnología y los deportes. Estas diferencias subrayan la importancia de adaptar la creación de contenidos a las preferencias de segmentos demográficos específicos. Los creadores deben tener en cuenta los intereses únicos de los subgrupos dentro de estas categorías, ya que las audiencias de nicho a menudo pueden conducir a un mayor compromiso y lealtad. Al identificar y dirigirse a los grupos demográficos dominantes, los creadores pueden elaborar contenidos que no sólo sean atractivos, sino que también fomenten una conexión más profunda con su base de espectadores.

La diversidad geográfica de la audiencia de YouTube presenta tanto retos como oportunidades para los creadores que aspiran a millones de suscriptores. La plataforma abastece a una audiencia global, con un número significativo de espectadores concentrados en Estados Unidos, India, Brasil e Indonesia, entre otros. Esta variación geográfica influye en los temas, el lenguaje y las referencias culturales del contenido. Los creadores deben ser expertos en reconocer estas diferencias y adaptar sus mensajes en consecuencia. Un creador que se dirija principalmente a un público estadounidense puede tener que localizar su contenido para que resuene entre los espectadores de otras regiones, lo que podría incluir la incorporación de subtítulos multilingües o ejemplos culturalmente relevantes. Al adoptar el rico tapiz demográfico de los usuarios de YouTube, los creadores pueden mejorar su alcance y participación, sentando las bases para un crecimiento sostenido y el éxito en la plataforma.

III. CREAR UN CANAL DE YOUTUBE

Establecer una identidad de canal única es fundamental para atraer y conservar suscriptores en el competitivo panorama de YouTube. Los creadores de contenido deben empezar por definir su nicho, que no sólo pone de relieve sus pasiones y conocimientos, sino que también llena un vacío en el mercado existente. Esto implica llevar a cabo una investigación exhaustiva para comprender las preferencias de la audiencia, los temas de tendencia y los puntos fuertes de los posibles competidores. Una identidad de canal convincente incluye un tema visual coherente, como logotipos y diseños de banners, así como un tono o voz distintivos que reflejen la personalidad del creador. Es crucial desarrollar una descripción del canal cautivadora que transmita eficazmente el valor que ofrece el canal. Las intros atractivas, los formatos de vídeo coherentes y los outros reconocibles crean una sensación de familiaridad que el público espera, lo que fomenta la lealtad y estimula las suscripciones. Al establecer una fuerte identidad de marca, los creadores sientan las bases de una comunidad sostenible y atractiva.

La coherencia en la creación de contenidos es la base sobre la que se construyen los canales de YouTube de éxito. Las subidas regulares no sólo mantienen el interés de los suscriptores existentes, sino que también optimizan el canal para los algoritmos que rigen la visibilidad de los vídeos. Los creadores deben desarrollar un calendario de contenidos que describa su calendario de publicación, equilibrando la espontaneidad y la planificación estratégica para responder a los comentarios de la audiencia y a las tendencias emergentes. Esta práctica también incluye mantener una calidad de vídeo estándar, que abarca aspectos técnicos como el sonido y la iluminación, así como la cohesión narrativa y el atractivo visual. Al ofrecer contenido de alta calidad de forma coherente, los creadores aumentan la probabilidad de retención y crecimiento de los espectadores. Esta dedicación a un calendario de subidas es señal de profesionalidad y compromiso, lo que aumenta la confianza entre los suscriptores potenciales. A medida que los creadores consiguen seguidores fieles, su audiencia empieza a anticipar nuevos contenidos, ampliando así su alcance mediante un mayor compromiso y la promoción boca a boca. Utilizar eficazmente las herramientas de análisis permite a los creadores afinar sus estrategias y maximizar el potencial de crecimiento. YouTube proporciona una gran cantidad de datos sobre el comportamiento de los espectadores, el tiempo de visionado y los datos demográficos, que pueden servir de base para tomar decisiones sobre la dirección del contenido, los horarios de publicación y las tácticas de participación de la audiencia. El análisis de estos datos ayuda a los creadores a identificar qué vídeos tienen más resonancia entre sus espectadores, lo que les permite reproducir los elementos de éxito en futuros contenidos. El seguimiento del crecimiento de los suscriptores y de las tendencias de participación proporciona información valiosa sobre la eficacia de los esfuerzos promocionales en las redes sociales y otras plataformas. Adoptar un enfoque de bucle de retroalimentación perfeccionando periódicamente los contenidos basándose en los análisis garantiza que los creadores sigan adaptándose a las preferencias cambiantes de los espectadores y a la dinámica de las plataformas. Mediante un uso diligente de los datos, los creadores no sólo mejoran la calidad de su producción, sino que también refuerzan el crecimiento sostenible de sus canales, acercándolos a millones de suscriptores.

ELEGIR UN NICHO

Identificar un nicho es un paso fundamental que puede influir significativamente en la trayectoria de un creador en YouTube. Al centrarse en un área de interés específica, los productores de contenido pueden asegurarse de que sus vídeos atraigan a una audiencia dedicada, aumentando la retención de espectadores y, en última instancia, fomentando la participación de la comunidad. Un nicho bien definido permite a los creadores diferenciarse de la gran variedad de contenidos disponibles en la plataforma, lo que facilita que los suscriptores potenciales reconozcan lo que les distingue. Los contenidos de nicho a menudo consiguen seguidores más apasionados, ya que resuenan profundamente entre los espectadores que comparten intereses o necesidades específicos. Este enfoque específico no sólo ayuda a establecer una fuerte identidad de marca, sino que también aumenta el potencial de colaboración con otros influyentes dentro del mismo espacio, multiplicando las oportunidades de crecimiento. Una vez identificado un nicho, comprender a la audiencia es fundamental para mantener el compromiso a largo plazo. Llevar a cabo una investigación exhaustiva sobre las preferencias, los hábitos y los datos demográficos de los espectadores puede proporcionar información muy valiosa sobre los tipos de contenido que más resonarán. Utilizar herramientas como Google Trends o YouTube Analytics puede ayudar a calibrar qué temas del nicho elegido están ganando adeptos. Los creadores deben ser adaptables; los intereses de la audiencia pueden evolucionar, y ser conscientes de estos cambios permite ajustar el contenido a tiempo. Participar con la comunidad a través de comentarios y plataformas de medios sociales puede reforzar aún más esta conexión, permitiendo a los creadores adaptar su contenido para satisfacer las expectativas cambiantes de los espectadores. Crear un bucle de retroalimentación no sólo fomenta la lealtad, sino que también cultiva un entorno en el que los suscriptores se sienten valorados y escuchados. El proceso de elegir y desarrollar un nicho requiere una previsión estratégica y un esfuerzo continuo. El éxito en YouTube rara vez es instantáneo; exige paciencia, persistencia y voluntad de experimentar. A medida que los creadores profundizan en su área de especialización, pueden encontrar oportunidades de innovación dentro de las convenciones de contenido establecidas. Al producir constantemente vídeos de calidad que se ajusten a su nicho, explorando al mismo tiempo diversos formatos y temas, los creadores pueden mantener su contenido fresco y atractivo. Esto no sólo consolida su posición dentro del nicho, sino que también les posiciona para un crecimiento potencial más allá del mismo. A medida que el panorama de YouTube siga evolucionando, mantener un equilibrio entre la especificidad del nicho y una relevancia más amplia permitirá a los creadores adaptarse y prosperar, allanando en última instancia el camino hacia una carrera exitosa y sostenible en YouTube.

CONFIGURAR TU CANAL
La creación de un canal eficaz comienza con una base sólida, en la que la claridad de objetivos desempeña un papel crucial. Los creadores de contenidos deben definir primero su nicho, ya que esto no sólo les posiciona dentro de una comunidad específica, sino que también ayuda a atraer a un público objetivo.

Investigando el contenido existente, un creador puede identificar lagunas en el mercado, lo que le permite presentar ofertas únicas. Elegir un nombre de canal que refleje este nicho es igualmente importante; debe ser memorable y asociarse fácilmente con el contenido. Una descripción convincente del canal, que incorpore palabras clave relevantes, prepara el terreno para los espectadores y mejora la capacidad de descubrimiento. En esta fase inicial, establecer una visión cohesiva no sólo informa sobre el contenido futuro, sino que también ayuda a establecer una marca coherente en toda la plataforma, posicionando en última instancia el canal para el crecimiento y la longevidad.

Una vez establecidos los elementos fundamentales, el siguiente paso se centra en la estética visual y la marca. Un banner y un logotipo atractivos para el canal son componentes esenciales que contribuyen a la percepción general de profesionalidad. Esta identidad visual singular crea una atmósfera acogedora, que anima a los suscriptores potenciales a hacer clic y seguir explorando. El creador debe elaborar un tráiler atractivo que encapsule lo que los espectadores pueden esperar del canal, estableciendo una sólida primera impresión. La coherencia en las miniaturas y el formato de los vídeos también desempeña un papel importante; los estilos reconocibles ayudarán a los espectadores a identificar el contenido del canal en medio del vasto mar de vídeos de YouTube. Esta marca cohesiva actúa como una poderosa herramienta de diferenciación y retención, asegurando que una vez que los espectadores aterricen en el canal, es más probable que se suscriban y sigan comprometidos con el tiempo. Los aspectos técnicos de la configuración del canal no deben pasarse por alto, ya que desempeñan un papel vital en el éxito general de los creadores. Configurar los ajustes del vídeo -como optimizar los títulos, las descripciones y las etiquetas- aumenta las posibilidades de aparecer en los resultados de búsqueda. La familiaridad con el algoritmo de YouTube puede influir enormemente en el alcance de un canal; los algoritmos dan prioridad a la participación, por lo que es crucial entender cómo fomentar los me gusta, los compartidos y los comentarios. Los creadores deben explorar las opciones de monetización disponibles a través de la plataforma, que pueden influir en la estrategia de contenidos de cara al futuro. Establecer análisis claros ayuda a los creadores a seguir el rendimiento y ajustar sus métodos en consecuencia. Al mantenerse adaptables y receptivos a los datos recopilados, los creadores maximizan su potencial de crecimiento y sostenibilidad en el dinámico mundo de YouTube, allanando el camino para el éxito a largo plazo y una base de suscriptores en constante expansión.

ELABORAR LA DESCRIPCIÓN DE UN CANAL

Una descripción convincente del canal sirve como ancla que atrae a los espectadores y comunica la esencia de tu contenido de un vistazo. En un panorama inundado de opciones, tu descripción debe encapsular lo que hace que tu canal sea único, ya sea tu voz distintiva, tu nicho especializado o tu enfoque innovador de la narración. Las líneas iniciales deben tocar la fibra sensible de los espectadores destacando el valor que obtendrán al suscribirse, utilizando un lenguaje atractivo que refleje tu personalidad. En lugar de limitarte a enumerar los tipos de contenido, infundir entusiasmo y propósito en tu descripción puede cautivar a los suscriptores potenciales y animarles a seguir explorando. Establecer claramente tus objetivos -por ejemplo, crear una comunidad o compartir conocimientos- puede fomentar una conexión entre tú y tu audiencia, haciendo que tu canal resulte más atractivo y cercano.

Emplear palabras clave estratégicas en toda la descripción del canal es esencial para la descubribilidad. YouTube funciona como un motor de búsqueda, lo que significa que la optimización de palabras clave desempeña un papel crucial en la forma en que los suscriptores potenciales encuentran tu contenido. Identificar términos relevantes que resuenen con tu público objetivo puede mejorar significativamente tu visibilidad en los resultados de búsqueda. Equilibrar estas palabras clave dentro de una estructura narrativa puede evitar que tu descripción parezca un insulso discurso de ventas; se trata de entrelazarlas en la narrativa de tu canal. Esto no sólo ayuda a la optimización de las búsquedas, sino que también enriquece el aspecto narrativo general de tu canal, haciéndolo más atractivo para un público más amplio. Revisar y ajustar periódicamente estas palabras clave en función de las tendencias o los cambios en el interés de la audiencia puede ayudar a mantener tu canal dinámico y relevante. Mantener una voz auténtica y una marca coherente en toda la descripción no sólo refuerza la identidad de tu canal, sino que también aumenta la confianza y la fidelidad de los espectadores. Tu descripción debe reflejar el tono de tus vídeos e incluir elementos visuales o emojis que se alineen con tu marca, creando una experiencia coherente para los espectadores en todas las plataformas. Incluir una llamada a la acción anima a los suscriptores potenciales a dar un paso más, ya sea incitándoles a pulsar el botón de suscripción, a participar en los comentarios o a conectar contigo en otras redes sociales. A medida que evoluciona tu canal, es esencial revisar y perfeccionar tu descripción; las actualizaciones pueden reflejar cambios en el estilo del contenido, la participación de la audiencia o el crecimiento personal como creador. Una descripción de canal eficaz es un elemento vivo de tu estrategia de marca, que apoya dinámicamente tu viaje hacia la obtención de una base de espectadores dedicada y la consecución de tus objetivos en YouTube.

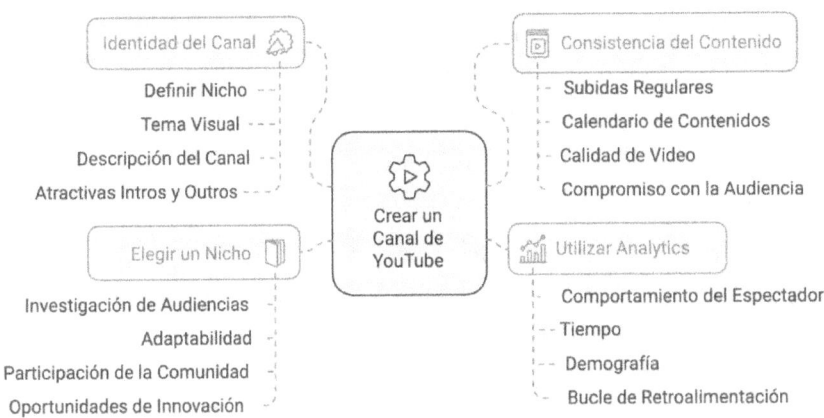

IV. DESARROLLAR UNA ESTRATEGIA DE CONTENIDOS

Una estrategia integral de contenidos es fundamental para captar y mantener el interés de la audiencia en YouTube. Inicialmente, implica realizar un estudio de mercado exhaustivo para identificar los grupos demográficos objetivo, las preferencias y los temas de tendencia dentro del nicho. Analizando a los competidores, los creadores pueden discernir qué contenido resuena entre los espectadores, a la vez que identifican las lagunas que sus propios vídeos pueden llenar. Esta fase de investigación proporciona información crítica sobre el comportamiento de la audiencia, lo que conduce al desarrollo de una propuesta de valor única. El objetivo es elaborar contenidos que no sólo entretengan o informen, sino que también destaquen entre la multitud de canales de la competencia. Al establecer objetivos específicos -ya sea el aumento de suscriptores o una mayor participación de los espectadores-, los creadores pueden crear una hoja de ruta que guíe su proceso de desarrollo de contenidos. Tras la investigación, la siguiente fase de una estrategia de contenidos hace hincapié en la importancia de la planificación y la coherencia. Implica crear un calendario de contenidos que describa cuándo y qué tipo de vídeos se publicarán. Este enfoque estructurado no sólo ayuda a mantener subidas regulares, lo que es crucial para retener a la audiencia, sino que también permite a los creadores alinear estratégicamente su producción con fechas o acontecimientos significativos en su nicho. Aprovechar diversos formatos de contenido -como tutoriales, vlogs y entrevistas- puede satisfacer las preferencias de los diversos espectadores, maximizando las oportunidades de participación. La adaptabilidad en la planificación de contenidos es vital; los creadores deben estar atentos a los datos analíticos y a los comentarios de la audiencia, lo que les permite pivotar o perfeccionar su enfoque en tiempo real, conservando los temas centrales que definen su canal. Medir el éxito de una estrategia de contenidos depende de la utilización de las herramientas analíticas de YouTube para realizar un seguimiento de las métricas de rendimiento. Indicadores clave como el tiempo de visionado, las tasas de clics y los niveles de participación proporcionan información procesable sobre qué contenido prospera y cuál puede fracasar. Los creadores deben evaluar estas métricas con regularidad para determinar la eficacia de su estrategia, lo que les permitirá realizar ajustes informados que mejoren la satisfacción y la retención de los espectadores. Fomentar una comunidad interactuando activamente con los espectadores a través de los comentarios o las redes sociales puede generar una lealtad de valor incalculable para el crecimiento de los suscriptores. Una estrategia de contenidos bien ejecutada no sólo impulsa el éxito inmediato de un canal, sino que también construye una marca sostenible que puede evolucionar con las demandas de la audiencia y los cambios de plataforma a lo largo del tiempo.

IDENTIFICAR EL PÚBLICO OBJETIVO

Comprender las preferencias y los comportamientos de los espectadores es esencial para cualquier creador de YouTube que pretenda conseguir un número considerable de seguidores. La captación de un público objetivo comienza con una investigación exhaustiva que descubra sus intereses, datos demográficos y hábitos de visualización. Herramientas como Google Trends,

YouTube Analytics y las encuestas de audiencia pueden proporcionar información valiosa sobre lo que grupos específicos buscan en los contenidos de vídeo. Un creador de contenidos centrado en tutoriales de cocina, por ejemplo, debe identificar si su audiencia potencial prefiere ideas para preparar comidas rápidas, recetas veganas o técnicas de cocina gourmet. Este enfoque estratégico no sólo ayuda en la creación de contenidos, sino que también posiciona al creador como una voz relevante en la comunidad, fomentando en última instancia la lealtad y el compromiso. Otro aspecto vital de la identificación de un público objetivo es la naturaleza iterativa del desarrollo de contenidos. A medida que los creadores producen vídeos e interactúan con los espectadores, deben permanecer vigilantes, analizando los comentarios y las tendencias en evolución que pueden informar su enfoque. Si un estilo concreto de vídeo consigue una mayor participación, podría indicar un cambio en las preferencias de los espectadores que el creador puede aprovechar. Ser receptivo a los comentarios de la audiencia, ya sea mediante comentarios o mensajes directos, permite a los creadores crear una relación dinámica con sus espectadores, fomentando un entorno en el que los suscriptores se sientan valorados e implicados en el viaje del creador. Esta estrategia adaptativa no sólo mejora la relevancia del contenido, sino que también ayuda a establecer una comunidad más comprometida en torno al canal. Reconocer las necesidades del público objetivo va más allá de la investigación y los comentarios iniciales; requiere un compromiso continuo para fomentar interacciones auténticas con la comunidad. Los creadores pueden aumentar la fidelidad de los espectadores construyendo un personaje de marca que resuene con su audiencia. Esta conexión puede lograrse mediante una comunicación coherente, anécdotas personales o incluso dirigiéndose a los espectadores por su nombre en comentarios y vídeos. Estas prácticas contribuyen en gran medida a crear un sentimiento de pertenencia entre los espectadores, lo que, a su vez, puede estimular el marketing boca a boca y el crecimiento orgánico del canal. Al solidificar este vínculo, los creadores no sólo amplían su alcance, sino que también sientan una base sólida para el éxito a largo plazo en la plataforma, transformando a los espectadores ocasionales en suscriptores dedicados.

TIPOS DE CONTENIDO Y FORMATOS

La diversidad de tipos de contenido es una de las características definitorias de YouTube, ya que permite a los creadores interactuar con el público de diversas maneras. Los vlogs, por ejemplo, ofrecen una visión íntima de la vida diaria de un creador, fomentando una conexión que puede traducirse en fidelidad y mayores tasas de compromiso. Por otro lado, los vídeos instructivos o tutoriales ofrecen a los espectadores conocimientos valiosos, incitándoles a volver para futuras experiencias de aprendizaje. La incorporación de retos o sketches inyecta entretenimiento y espontaneidad a un canal, atrayendo a un grupo demográfico más amplio. A medida que los creadores experimentan con estos formatos, a menudo descubren formas únicas de amalgamarlos, como mezclar un tutorial con una narración personal, enriqueciendo así la experiencia de visionado. Comprender y utilizar estos diversos géneros de contenido resulta crucial para los creadores que pretenden establecer una presencia fuerte en el competitivo panorama de YouTube.

Cada formato de contenido no sólo varía en estilo, sino también en su potencial para la participación de la audiencia y la monetización. Las transmisiones en directo, por ejemplo, fomentan la interacción en tiempo real entre los creadores y sus espectadores, creando una sensación de comunidad y urgencia que puede aumentar significativamente la fidelidad de los suscriptores. Mientras tanto, el contenido pregrabado ofrece oportunidades de edición y perfeccionamiento, permitiendo a los creadores presentar lo mejor de sí mismos a la audiencia. Los contenidos breves, como los cortos de YouTube, han ganado popularidad, ya que permiten a los creadores transmitir mensajes de forma rápida y eficaz, lo que resulta especialmente atractivo en una época en la que la capacidad de atención es cada vez menor. Los análisis desempeñan un papel fundamental a la hora de determinar qué formatos resuenan más entre el público objetivo; por tanto, los creadores deben aprovechar los datos para perfeccionar sus estrategias. Comparando las métricas de varios tipos de contenido, los creadores pueden identificar tendencias y preferencias, optimizando sus futuras producciones para satisfacer las expectativas de los espectadores y reforzar el crecimiento del canal. La aplicación estratégica de estos diversos formatos de contenido requiere un profundo conocimiento de la demografía de la audiencia y de sus comportamientos. Los creadores deben estar en sintonía con las preferencias de sus espectadores objetivo, asegurándose de que su contenido se alinea tanto con los intereses de la audiencia como con las tendencias generales. La incorporación de elementos como retos de tendencia o temas socialmente relevantes puede aumentar la relevancia y fomentar un debate más amplio dentro de la comunidad. La coherencia tanto en los horarios de publicación como en los temas de contenido es vital; no sólo refuerza la identidad de la marca, sino que hace que el público vuelva a por más. A medida que los algoritmos dan prioridad a la retención y el compromiso de los espectadores, los creadores de éxito deben navegar hábilmente por estos elementos, adaptando sus estrategias en respuesta a la evolución de los comportamientos de los espectadores y las actualizaciones de la plataforma. En consecuencia, los que son flexibles e innovadores en su enfoque de los tipos y formatos de contenido tienen más posibilidades de lograr un crecimiento sostenido y la retención de suscriptores en YouTube.

PLANIFICAR UN CALENDARIO DE CONTENIDOS

Establecer un calendario de publicación coherente es fundamental para atraer a la audiencia de YouTube con eficacia. Los calendarios de contenido sirven como herramientas estratégicas que permiten a los creadores planificar sus ideas de vídeo, alinearlas con las preferencias de la audiencia y mantener una rutina regular de subidas. Al establecer días concretos para la publicación de contenidos, los canales pueden fomentar la expectación de los espectadores y crear una base de suscriptores leales. Sin esta planificación, los creadores a menudo se arriesgan a caer en la trampa de las subidas esporádicas, que pueden disminuir la participación de la audiencia y afectar al crecimiento general del canal. Una programación estructurada permite incorporar a tiempo temas estacionales o de tendencia, optimizando la relevancia del contenido. La interacción con los espectadores a través de los comentarios o de las redes sociales también debería influir en la forma del contenido y en el momento de su publicación, permitiendo un enfoque más receptivo y adaptable.

Además de la programación, una cuidadosa categorización de los contenidos es crucial para maximizar el interés de la audiencia. Al diseñar un calendario de contenidos, los creadores deben considerar diversos temas o formatos que atraigan a su público objetivo. Esto podría incluir tutoriales, vlogs, retos o entrevistas, todos los cuales pueden atraer a diversos grupos de espectadores, aumentando así el alcance general del canal. Para mantener un calendario equilibrado y atractivo, también es beneficioso rotar estas categorías con regularidad, garantizando que el contenido resulte fresco y atractivo. Colaborar con otros creadores puede diversificar la cartera de contenidos y acceder a nuevos segmentos de audiencia, ampliando así la visibilidad. Al crear un calendario completo que refleje tanto los puntos fuertes de los creadores como los intereses de la audiencia, las oportunidades de crecimiento se multiplican, lo que refuerza la importancia de la planificación estratégica para impulsar el crecimiento de los suscriptores. Revisar y adaptar el calendario de contenidos debe ser un proceso continuo basado en los análisis y los comentarios de los espectadores. Utilizar las herramientas analíticas de YouTube permite a los creadores evaluar qué vídeos funcionan bien, cómo interactúa el público y qué resuena con más fuerza entre los espectadores. Al identificar patrones y preferencias, se pueden realizar ajustes en el calendario de contenidos, asegurando la relevancia a lo largo del tiempo. Este proceso iterativo no sólo mejora la calidad de los contenidos, sino que también crea una relación dinámica con los suscriptores, que sienten que se valoran sus opiniones e intereses. Un enfoque flexible pero estructurado de la planificación de contenidos conduce a un crecimiento sostenido, transformando los picos iniciales de suscriptores en un compromiso duradero. En un panorama digital en rápida evolución, seguir respondiendo a las necesidades de la audiencia distingue a los canales de éxito, lo que ilustra el papel fundamental de un calendario de contenidos meticuloso en el viaje de la oscuridad a la prominencia en YouTube.

Tipo de Contenido	Características Clave	Beneficios de Engagement	Crecimiento de Audiencia
Tutoriales	Formato educativo, paso a paso.	Alto valor educativo, ideal para nichos específicos.	Suscripciones recurrentes para más conocimiento.
Vlogs	Estilo de vida, cotidiano.	Conexión emocional fuerte, cercanía con el creador.	Crecimiento orgánico a través de seguidores fieles.
Entrevistas	Conversaciones con expertos.	Insights únicos, nuevas perspectivas.	Atrae nuevas audiencias, crecimiento mediante colaboraciones.
Unboxings/Reviews	Presentación de productos, opiniones.	Genera conversación, engagement en nichos específicos.	Audiencia interesada en productos, buena retención.
Desafíos/Retos	Contenido basado en tendencias virales.	Engagement inmediato, participación directa.	Crecimiento rápido por viralidad.
Documentales	Narrativas detalladas y bien producidas.	Engagement alto por contenido significativo.	Retención en nichos interesados en temas complejos.
Streaming en Vivo	Interacción en tiempo real.	Engagement fuerte y directo, comunidad activa.	Crecimiento por interacción constante, fidelización.

V. CREAR UNA MARCA PERSONAL

Crear una identidad auténtica es primordial en el mundo de YouTube, donde innumerables creadores compiten por la atención de los espectadores. Una marca personal bien definida resuena entre el público, estableciendo una sensación de confianza y de familiaridad que aumenta la lealtad de los espectadores. Esto requiere una comprensión clara de los propios valores, habilidades y perspectivas únicas, que informan el contenido producido. La narrativa de un creador debe entretejer sus antecedentes, motivaciones y aspiraciones, creando una historia que no sólo entretenga, sino que también atraiga a los espectadores a un nivel más profundo. Al alinear sistemáticamente su contenido con esta narrativa, los creadores se aseguran de que su marca personal sea memorable y distintiva, diferenciándose en un mercado saturado.
Igualmente importante es la coherencia visual y temática que una marca personal debe plasmar en todas las plataformas. Desde el diseño del logotipo hasta la combinación de colores y las miniaturas de los vídeos, mantener una estética cohesiva refuerza el reconocimiento de la marca y su profesionalidad. Este lenguaje visual debe reflejar la personalidad del creador y el tipo de contenido que produce, ya sea educativo, de entretenimiento o inspirador. Las estrategias de participación, como las encuestas interactivas y las preguntas abiertas en los vídeos, mejoran aún más esta conexión al invitar a la participación del espectador. Al seleccionar cuidadosamente todos los elementos que contribuyen a su personalidad online, los creadores no sólo atraen suscriptores, sino que también fomentan una comunidad que se siente implicada en su viaje.

Construir una marca personal requiere una reflexión y una adaptabilidad continuas, ya que las tendencias y las preferencias de la audiencia pueden cambiar rápidamente. Monitorizar los comentarios y análisis de la audiencia es esencial para que los creadores comprendan qué es lo que más resuena entre sus espectadores. Al evaluar qué tipos de contenido consiguen más participación, los creadores pueden ajustar sus estrategias para seguir siendo relevantes y atractivos. Mantenerse informado sobre los cambios en las políticas y algoritmos de YouTube permite a los creadores modificar su enfoque de marca según sea necesario. Una marca personal dinámica no sólo ayuda a atraer nuevos suscriptores, sino que también mantiene la participación a largo plazo, posicionando a los creadores para un crecimiento y éxito continuos en medio del cambiante panorama de la creación de contenidos digitales.

CREAR UNA IDENTIDAD ÚNICA

Una identidad online distintiva es la base del éxito de cualquier canal de YouTube. Establecer esta identidad implica articular una visión clara que resuene con la pasión y los valores de los creadores, a la vez que resulte atractiva para un público objetivo. Los creadores de contenido deben reflexionar sobre sus habilidades y experiencias únicas, ya que estos elementos les diferencian en un mercado sobresaturado. Un creador apasionado por la vida sostenible podría centrarse en opciones de estilo de vida ecológicas, mezclando anécdotas personales con contenido informativo. Este enfoque fomenta una sensación de autenticidad, permitiendo a los espectadores conectar a nivel personal. Desarrollar una identidad única no sólo define la marca del creador, sino que también sirve para atraer a un público fiel que comparte intereses similares, creando una comunidad comprometida en torno al canal.

Para potenciar esta identidad única, la marca visual y la narrativa desempeñan un papel fundamental en la creación de una estética y una narrativa cohesivas. Esto significa no sólo emplear esquemas de color y logotipos coherentes, sino también conservar un estilo que refleje la personalidad de los creadores. Una narración eficaz capta la atención de la audiencia, asegurando que los espectadores permanezcan atentos durante todo el vídeo. Integrar experiencias personales o situaciones que se puedan relacionar puede profundizar las conexiones emocionales con el público, haciendo que cada vídeo sea memorable. Los creadores deben aprovechar las funciones de la plataforma, como las pantallas finales y las miniaturas, para presentar una narrativa visualmente atractiva que invite a explorar más contenido. Asegurándose de que cada elemento visual se alinea con la identidad establecida, los creadores pueden solidificar su marca, animando a los suscriptores a volver a por más y fomentando un sentimiento de pertenencia dentro de su comunidad. La reflexión y el ajuste periódicos son vitales para mantener una identidad única a medida que evolucionan las tendencias y las preferencias de la audiencia. Los creadores deben analizar las métricas de participación y los comentarios para asegurarse de que su contenido sigue resonando entre los espectadores, adaptando su enfoque sin comprometer sus valores fundamentales. Esto puede implicar experimentar con diversos formatos, temas o incluso colaborar con otros creadores para introducir nuevas perspectivas. Comprender el equilibrio entre la identidad establecida y la innovación es crucial; mantener una imagen fija puede llevar al estancamiento, mientras que demasiada experimentación puede alejar a los espectadores fieles. Alcanzar este equilibrio permite a los creadores no sólo conservar su identidad única, sino también crecer junto a su audiencia, enriqueciendo continuamente el contenido de los canales y garantizando el éxito a largo plazo. Haciendo estos ajustes, los creadores pueden navegar eficazmente por el dinámico panorama de YouTube, haciendo evolucionar su marca sin dejar de ser fieles a su visión original.

DISEÑAR EL ARTE Y EL LOGOTIPO DEL CANAL

Crear una identidad de marca visualmente atractiva y cohesiva es primordial para cualquier aspirante a creador de YouTube. La primera impresión de un canal suele provenir de su arte y logotipo, que sirven como anclas visuales para los suscriptores potenciales. Un arte de canal eficaz no sólo transmite la esencia del contenido, sino que también refleja la personalidad y el estilo únicos del creador. Para lograr un aspecto profesional, es esencial utilizar gráficos de alta calidad, esquemas de color coherentes y fuentes legibles. Estos elementos deben narrar colectivamente una historia que resuene con el público objetivo, fomentando una conexión emocional inmediata que invite a los espectadores a seguir explorando. Elementos como las miniaturas deben alinearse con el tema general del canal, garantizando una estética uniforme que mejore la visibilidad de la marca en toda la plataforma. Igualmente importante es el logotipo, un emblema compacto que encapsula la identidad del canal de forma memorable. Un logotipo bien diseñado funciona a varios niveles: debe ser reconocible, versátil y lo suficientemente sencillo como para que se vea bien en varios medios, ya sea en un smartphone, en el banner de un sitio web o en materiales promocionales. Al crear un logotipo, los creadores deben tener en cuenta su propuesta única de venta: lo que les hace destacar entre la gran variedad de competidores de YouTube. Utilizar herramientas de diseño gráfico o contratar a un diseñador profesional puede garantizar que el producto final resuene con el público al que va dirigido y eleve la percepción general de la marca. Esta identidad visual no sólo establece la credibilidad, sino que también sienta las bases para la fidelidad de la audiencia a largo plazo, ya que es más probable que los suscriptores vuelvan a un canal con una estética visual pulida y coherente. En el panorama en constante evolución de YouTube, la importancia del arte y los logotipos de los canales va más allá de la mera estética; son elementos integrales de un enfoque estratégico de marca. A medida que los creadores pasan de la oscuridad a la prominencia, el aprovechamiento eficaz de estos componentes de diseño puede mejorar la capacidad de descubrimiento y memorización, estableciendo un punto de apoyo sólido en un mercado competitivo. Crear un arte de canal y logotipos que comuniquen profesionalidad y autenticidad refuerza el compromiso de los creadores con la calidad, atrayendo aún más a los espectadores. A medida que el contenido evoluciona, también debe hacerlo la marca; los creadores deben ser adaptables, actualizando sus elementos visuales para reflejar nuevas direcciones o cambios en las preferencias de la audiencia. Invertir pensamiento y creatividad en el arte y los logotipos de un canal puede catalizar su crecimiento, transformando a los espectadores ocasionales en suscriptores entregados, desempeñando así un papel fundamental en la consecución del hito de millones de seguidores.

ESTABLECER UNA VOZ COHERENTE

Crear una voz distintiva es esencial para los creadores que quieren conectar auténticamente con su audiencia. Esta voz encierra la personalidad, el tono y el estilo que resuenan en todo el contenido, permitiendo a los espectadores establecer una conexión personal con el creador. Establecer una voz coherente requiere una cuidadosa consideración de las preferencias y expectativas del público objetivo. Un creador que transmite contenido de una forma que se ajusta a su personalidad inherente fomenta la autenticidad, lo que facilita que los espectadores se impliquen y se involucren emocionalmente. Esta voz debe impregnar todos los aspectos de la producción, desde el guión y las opciones de edición hasta las miniaturas de los vídeos o las interacciones en las redes sociales, para garantizar que todos los elementos estén armonizados y sean reconocibles. Los creadores de éxito a menudo se diferencian por infundir humor, empatía o experiencia en sus narraciones, consolidando eficazmente su estatus en la mente de los espectadores e influyendo simultáneamente en el aumento de suscriptores.

Desarrollar la coherencia en la voz no implica estancamiento, sino que permite una evolución orgánica a lo largo del tiempo. Los cambios en las tendencias, la tecnología o las experiencias personales pueden influir en la voz del creador, que debe adaptarse cuidadosamente para mantener la fidelidad de los espectadores. Revisar y refinar la voz con regularidad permite a los creadores de contenidos seguir siendo relevantes, al tiempo que evitan alienar a los seguidores de toda la vida. Un creador puede adoptar inicialmente un formato muy guionizado para transmitir contenidos basados en la investigación, pero con el tiempo puede evolucionar hacia un estilo conversacional más espontáneo, a medida que se sienta más cómodo ante la cámara y esté más en sintonía con los deseos de su público. Esta evolución debe ser gradual y bien articulada; los cambios bruscos pueden perturbar la confianza de la audiencia y mermar meses o años de desarrollo de la marca. Mantener el compromiso mediante esta estrategia adaptativa mantiene el contenido dinámico, garantizando que siga resonando tanto entre los nuevos suscriptores como entre los ya existentes.

Una voz coherente sirve de columna vertebral de la identidad de marca de un creador, proporcionando una base sólida para el compromiso y el crecimiento. Al mantener este elemento, los creadores fomentan la comunidad y el sentido de pertenencia entre su audiencia, lo que es fundamental para el éxito a largo plazo. Comprometerse con los seguidores a través de comentarios o plataformas de medios sociales mejora esta relación, permitiendo un diálogo bidireccional que puede refinar aún más la voz y la estrategia de contenidos. Los creadores que invitan a comentar y responden genuinamente a su audiencia cultivan un sentimiento de inclusión, haciendo que los espectadores se sientan valorados y escuchados. Este enfoque participativo no sólo refuerza la voz de los creadores, sino que también aumenta la fidelidad de los espectadores, fomentando el crecimiento orgánico a través de las recomendaciones boca a boca. En resumen, establecer y mantener una voz coherente es esencial para la trayectoria de un creador en YouTube, ya que influye directamente en su capacidad para atraer y retener a una audiencia comprometida.

VI. FUNDAMENTOS DE LA PRODUCCIÓN DE VÍDEO

La creación de contenidos de vídeo convincentes comienza con la comprensión de los elementos esenciales de la producción, que incluyen las fases de preproducción, producción y postproducción. Durante la preproducción, es crucial hacer una lluvia de ideas, desarrollar un guión y crear un guión gráfico que describa el flujo visual del vídeo. Esta planificación garantiza que el creador tenga una visión y un propósito claros, lo que mejora enormemente la calidad del producto final. Deben abordarse aspectos logísticos como la búsqueda de localizaciones, la programación y la obtención de equipos para agilizar el proceso de rodaje. Una fase de preproducción bien preparada minimiza los posibles contratiempos durante el rodaje y puede conducir a un resultado final más pulido. Una vez sentadas las bases, la fase de producción sumerge al creador en el rodaje real, donde las técnicas adecuadas pueden influir significativamente en la eficacia de los vídeos. La iluminación, el sonido y los ángulos de cámara deben gestionarse meticulosamente para crear un contenido visualmente atractivo y atrayente. Utilizar varias cámaras y micrófonos puede mejorar la calidad de la producción, permitiendo tomas dinámicas y un audio claro. Ser adaptable durante esta fase es vital, ya que pueden surgir retos inesperados. Los cineastas deben ser mecánicamente hábiles y creativamente flexibles, asegurándose de que incluso los momentos no planificados puedan contribuir positivamente a la narrativa general y atraer a los espectadores.

El viaje no termina con el rodaje; la posproducción es donde el proyecto cobra vida de verdad. La edición es clave para refinar el contenido, e implica la selección de las mejores secuencias, el diseño del sonido y la adición de elementos visuales o música que se ajusten al tono deseado. Esta fase también es crucial para garantizar que el vídeo final sea coherente, atractivo y esté optimizado para la experiencia del usuario de YouTube. Unas transiciones efectivas, un ritmo adecuado y una cuidada inclusión de gráficos pueden hacer que un vídeo pase de mundano a excepcional. Comprender la importancia de los metadatos, como títulos, descripciones y etiquetas, puede aumentar significativamente la visibilidad en la plataforma. Al dominar estos aspectos básicos de la producción, los creadores sientan una base sólida para construir un canal de YouTube de éxito que resuene entre el público e impulse el crecimiento de suscriptores.

NECESIDADES DE EQUIPAMIENTO Y SOFTWARE

Crear contenido atractivo en YouTube no sólo requiere creatividad y pensamiento estratégico, sino también un arsenal completo de equipos y software. El audio y el vídeo de alta calidad son cruciales para atraer y retener suscriptores. Invertir en una cámara fiable, como una DSLR o una cámara sin espejo, permite obtener una calidad de imagen superior que puede mejorar significativamente la experiencia de visualización. Un buen equipo de iluminación, como luces softbox o anulares, puede mejorar drásticamente la claridad y el atractivo visual del vídeo. En cuanto al audio, es esencial utilizar un micrófono externo para captar un sonido nítido, ya que un audio deficiente puede disuadir a los espectadores más que una mala calidad de vídeo. Estos elementos fundamentales sientan las bases para un contenido que atraiga realmente a la audiencia y destaque en una plataforma abarrotada.

Paralelamente al equipo físico, la elección del software influye mucho en la calidad de la producción y la eficacia de la creación de vídeo. Los programas de edición de vídeo, como Adobe Premiere Pro o Final Cut Pro, ofrecen amplias funciones que permiten a los creadores perfeccionar sus contenidos, añadir gráficos y producir productos finales pulidos. Herramientas como Canva para el diseño gráfico y Audacity para la edición de audio pueden elevar la profesionalidad del contenido. Las herramientas de gestión de redes sociales, como Hootsuite o Buffer, ayudan a programar las publicaciones y a hacer un seguimiento de la participación en todas las plataformas. Aprovechar estas herramientas de software no sólo agiliza el proceso de producción, sino que también permite a los creadores dedicar más tiempo a la ideación de contenidos y a la participación de la audiencia, dos aspectos fundamentales para el crecimiento en la plataforma. El uso eficaz del software de análisis puede transformar el enfoque de un creador sobre la estrategia de contenidos y la participación de los usuarios. Plataformas como YouTube Analytics y Google Trends proporcionan información muy valiosa sobre el comportamiento, los datos demográficos y las preferencias de los espectadores. Comprender estos análisis permite a los creadores adaptar sus contenidos para que se ajusten mejor a los intereses de su público, lo que puede aumentar la visibilidad y el número de suscriptores. Estar al día de las herramientas SEO estándar del sector, como TubeBuddy o VidIQ, puede ayudar aún más a optimizar títulos, etiquetas y descripciones para una mayor capacidad de descubrimiento. Al integrar estratégicamente estos equipos y soluciones de software, los creadores establecen una base sólida que no sólo mejora la creación de contenidos, sino que también fomenta un crecimiento significativo de la audiencia y el compromiso en su viaje por YouTube.

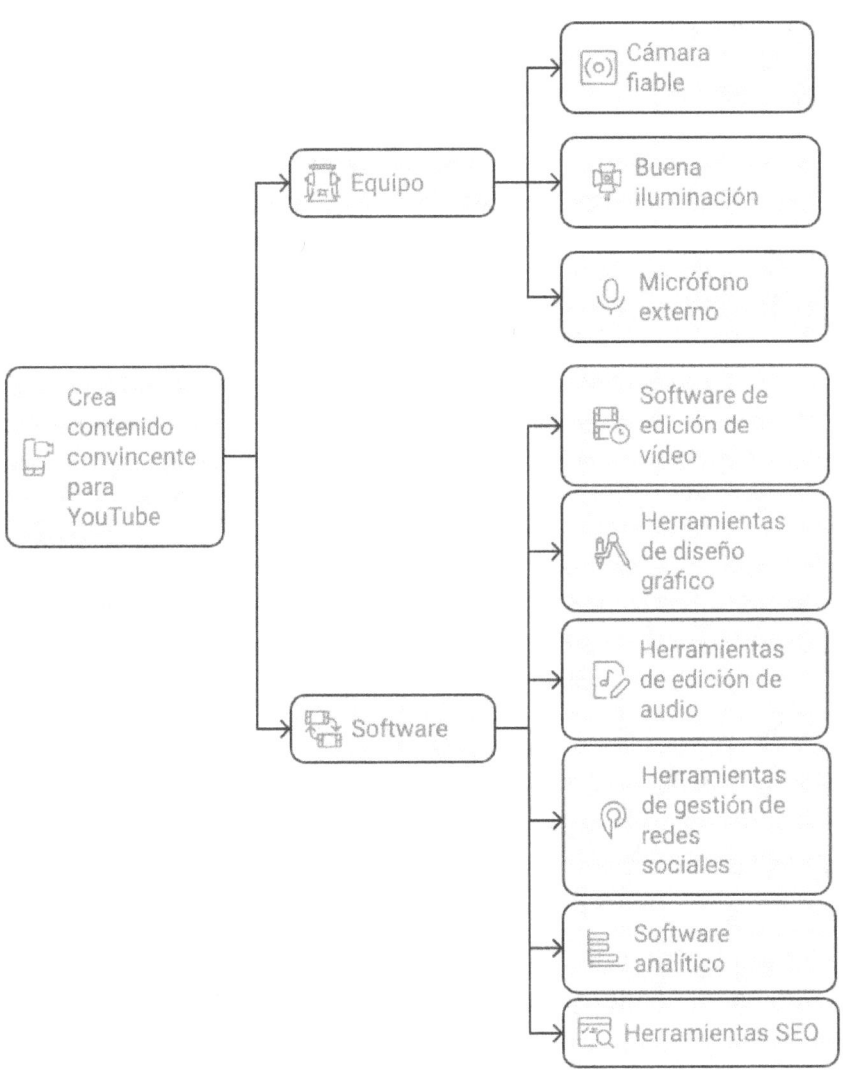

GUIÓN Y STORYBOARD

La producción eficaz de contenidos depende de una planificación meticulosa, que haga hincapié en la importancia del guión y el guión gráfico. Al guionizar meticulosamente los vídeos, los creadores pueden articular sus mensajes de forma clara y persuasiva, asegurándose de que cada palabra sirva a un propósito. Un guión bien elaborado actúa como una hoja de ruta, proporcionando una narrativa estructurada que guía tanto al creador como al espectador a través de la experiencia prevista. Esta base permite la distribución equitativa del tiempo y el enfoque, arrojando luz sobre los momentos cruciales que atraen al público. El guión ayuda a agilizar el proceso de edición, reduciendo la cantidad de metraje superfluo y minimizando los posibles quebraderos de cabeza de la posproducción, lo que es especialmente crucial para los creadores que pretenden subir contenidos de forma constante. Como complemento del proceso de guionización, el storyboard transforma conceptos abstractos en imágenes tangibles, permitiendo a los creadores visualizar el flujo de sus vídeos. Cada fotograma sirve como célula del guión gráfico, capturando acciones y emociones clave de una forma que trasciende las meras descripciones textuales. Esta planificación visual no sólo mejora la claridad de las ideas, sino que también facilita la colaboración entre los miembros del equipo, garantizando que todos estén alineados con la visión del proyecto. Un guión gráfico bien elaborado fomenta la consideración de los ángulos de cámara, la iluminación y la estética general, elevando así la calidad de la producción. Para los creadores de YouTube, donde la primera impresión puede hacer o deshacer un canal, un guión gráfico eficaz aumenta la probabilidad de un contenido cautivador que retenga la atención del espectador de principio a fin. La integración de guiones y guiones gráficos contribuye significativamente a la capacidad de un creador para hacer crecer una base de suscriptores leales. Estos pasos fundamentales permiten la creación de vídeos pulidos y coherentes que resuenan con el público a un nivel más profundo. Al ofrecer contenidos intencionados y atractivos, los creadores pueden cultivar un fuerte sentimiento de conexión y confianza con sus espectadores, lo que es primordial en el abarrotado panorama de YouTube. Este trabajo preparatorio sienta las bases para maximizar el impacto de cada vídeo, abriendo las puertas a mayores oportunidades de participación, comparticiones y, en última instancia, crecimiento de suscriptores. Al dominar estas técnicas fundamentales, los aspirantes a YouTubers no sólo mejoran sus habilidades narrativas, sino que también se posicionan para el éxito a largo plazo en el competitivo ecosistema de las plataformas.

TÉCNICAS DE FILMACIÓN

Las técnicas de filmación innovadoras son fundamentales para captar la atención del público de YouTube y elevar la calidad del contenido. Un elemento crucial es el uso de ángulos de cámara variados, que pueden afectar drásticamente a cómo se percibe una historia. Elegir un primer plano durante un momento emotivo establece intimidad, mientras que los planos amplios pueden proporcionar contexto y mostrar el entorno, enriqueciendo la narración. Emplear técnicas como el travelling o las transiciones creativas puede mejorar la narración visual, haciendo que las escenas sean más dinámicas y atractivas. Una iluminación suave y difusa puede evocar un sentimiento romántico, mientras que una iluminación más dura puede crear tensión o dramatismo. Estas técnicas no sólo sirven para embellecer el encuadre, sino también para profundizar en la conexión con el espectador y la seriedad del contenido, aspectos cruciales que pueden diferenciar el trabajo de un creador en el cada vez más saturado mercado de YouTube. El diseño del sonido, que a menudo se pasa por alto en favor de los elementos visuales, influye profundamente en la retención de la audiencia y en la respuesta emocional. La integración de audio de alta calidad puede elevar un vídeo de anodino a convincente. Utilizar música de fondo que complemente el tono de la narración puede aumentar sutilmente la participación del espectador, mientras que los efectos de sonido a menudo hacen que las escenas cobren vida; una señal sonora bien sincronizada puede provocar risas o hacer que el público jadee. Es imperativo grabar diálogos claros y de calidad profesional: un sonido deficiente puede provocar la desconexión del espectador, independientemente de lo visualmente impactante que sea el vídeo. Los cineastas pueden emplear técnicas como la narración de voz en off para guiar a los espectadores a través de narraciones complejas o para añadir una capa adicional de comentarios.

Al emparejar magistralmente el sonido con lo visual, los creadores de contenidos aprovechan una poderosa herramienta que enriquece la narración, creando una experiencia más envolvente para los suscriptores y fomentando la fidelidad de su audiencia. La edición es la columna vertebral del éxito de la creación de contenidos en YouTube. Una edición bien ejecutada puede mejorar el ritmo, potenciar la narración y mantener el interés del espectador. La aplicación de técnicas como los saltos de corte pueden agilizar la narración, eliminando las pausas innecesarias o el contenido de relleno, y garantizando que el ritmo siga siendo atractivo. Las transiciones, ya sean simples fundidos o cortes animados más elaborados, pueden ayudar a mantener un flujo fluido entre los distintos segmentos de un vídeo, fomentando la coherencia y manteniendo el interés del público. Las superposiciones de texto y los gráficos pueden mejorar la narración enfatizando los puntos clave o añadiendo interés visual. En el panorama en constante evolución de YouTube, una edición eficaz no sólo ayuda a crear un producto final pulido, sino que también permite a los creadores adaptarse rápidamente a las preferencias y tendencias cambiantes de los espectadores. Al dominar estas técnicas de edición, los aspirantes a YouTubers se posicionan para atraer y retener suscriptores, cultivando en última instancia una base de audiencia leal que alimente su camino hacia el éxito.

VII. EDITAR TUS VÍDEOS

Un aspecto crucial de cualquier proyecto de éxito en YouTube es el arte de editar vídeos con eficacia. La edición da forma a la narración, mejora el atractivo visual y garantiza un producto final pulido que puede atraer a los espectadores más profundamente. Al cortar secuencias innecesarias, añadir transiciones e incorporar música de fondo, los creadores pueden mejorar el aspecto narrativo de sus vídeos. El uso estratégico de los montajes puede suscitar emociones y mantener el interés del espectador; esto es especialmente importante dados los cortos periodos de atención que prevalecen en el panorama digital actual. Elevar la calidad de la producción mediante una edición cuidada no sólo mejora la experiencia del espectador, sino que también indica profesionalidad, lo que puede ser fundamental para atraer y retener suscriptores.

Un contenido atractivo requiere un equilibrio entre sustancia y estilo, y aquí es donde la edición es una herramienta poderosa. Utilizar software que ofrezca una variedad de funciones -como corrección de color, superposición de texto y edición de sonido- puede afectar significativamente al impacto general de un vídeo. La gradación del color puede crear una atmósfera específica, desde una energía vibrante a tonos sombríos, influyendo en la forma en que los espectadores interpretan el contenido. Incorporar gráficos y animaciones puede ayudar a enfatizar los puntos clave, haciendo que el material sea más digerible. Sin embargo, los creadores deben ser conscientes de evitar el exceso de edición, que puede restar autenticidad. Encontrar el punto óptimo entre la edición profesional y la expresión genuina es esencial para crear un público fiel. Una edición meticulosa no sólo mejora los aspectos técnicos, sino que también se alinea con la identidad de marca del creador. Esta coherencia en el estilo sirve para establecer una presencia reconocible en la plataforma, fomentando una conexión más profunda con la audiencia. Estar atento a los comentarios de la comunidad sobre las opciones de edición puede servir de base para futuros proyectos e ilustrar el compromiso de mejorar el contenido. Evaluar periódicamente la eficacia de las técnicas de edición comparándolas con las estadísticas de retención de espectadores puede ayudar a los creadores a perfeccionar su enfoque, mitigar los errores y aprovechar los elementos de éxito. En resumen, la edición no es simplemente una tarea de postproducción; es una parte integral del proceso creativo que merece una cuidadosa consideración en la búsqueda del estrellato en YouTube.

ELEGIR EL SOFTWARE DE EDICIÓN

Seleccionar el software de edición adecuado es vital para dar forma a la calidad y el impacto de tu contenido de YouTube. Existe una miríada de opciones, cada una de las cuales varía en complejidad, funciones y niveles de usabilidad. Para los principiantes, los programas fáciles de usar como iMovie o Filmora ofrecen interfaces intuitivas y herramientas de edición esenciales que facilitan un proceso creativo más fluido. Estas plataformas permiten a los usuarios dominar los aspectos básicos, como el corte, las transiciones y la sincronización de audio, sin abrumarlos con funciones avanzadas. Por otro lado, los aspirantes a creadores deseosos de producir contenidos de alta calidad podrían considerar programas más sofisticados como Adobe Premiere Pro o Final Cut Pro. Aunque estos programas tienen curvas de aprendizaje más pronunciadas, desbloquean una gran cantidad de funcionalidades, como la gradación avanzada del color, los gráficos en movimiento y la edición multicámara, que pueden mejorar significativamente el atractivo visual de tus vídeos. Hacer una elección informada entre estas opciones de software requiere una evaluación cuidadosa de tus necesidades específicas como creador de contenidos. Consideraciones como el presupuesto, la calidad de vídeo prevista y las funciones deseadas desempeñan un papel fundamental a la hora de determinar qué software te servirá mejor. Mientras que algunas opciones vienen con precios de compra única, otras funcionan con modelos de suscripción, que requieren un compromiso financiero continuo. Además de los factores financieros, reflexiona sobre tus objetivos a largo plazo; si tu ambición es ampliar tu canal y establecer una identidad de marca distintiva, invertir en software de calidad profesional desde el principio puede ser más rentable. Explorar las versiones de prueba puede proporcionarte información valiosa sobre la experiencia del usuario y sus capacidades, asegurándote de que el software se ajusta a tu visión creativa y a tus conocimientos técnicos. El software de edición que elijas no sólo afecta a la calidad de producción de tus vídeos, sino que también influye en tu flujo de trabajo creativo. Un programa bien seleccionado puede agilizar el proceso de edición, permitiéndote centrarte en la narración y el compromiso más que en los obstáculos técnicos. A medida que te sientas más cómodo con el software elegido, considera la posibilidad de invertir tiempo en tutoriales y cursos en línea que puedan mejorar aún más tus habilidades. Participar en comunidades y foros en línea también puede proporcionarte apoyo y consejos que contribuyan a una experiencia de edición más productiva. En el vertiginoso mundo de YouTube, un proceso de edición fluido es esencial; el software adecuado permite a los creadores mantener la coherencia, garantizando que sus contenidos sigan siendo atractivos y relevantes para su audiencia, lo que en última instancia contribuye a conseguir un aumento sustancial de suscriptores.

ESTILOS Y TÉCNICAS DE EDICIÓN

Al profundizar en el ámbito de los estilos y técnicas de edición, la distinción entre los distintos enfoques resulta fundamental para aumentar el atractivo de un canal de YouTube. Cada creador de contenidos posee una voz única, que debe armonizar perfectamente con su estilo de edición. Los creadores pueden utilizar saltos para conseguir un ritmo dinámico que mantenga el interés de los espectadores u optar por un enfoque más narrativo con tomas más largas, que proporcionen una sensación de inmersión. Cada técnica tiene su propio peso emocional, que influye en la forma en que el público percibe el contenido. Los creadores deben permanecer atentos a las preferencias de la demografía a la que se dirigen, ya que adaptar los estilos de edición a las expectativas de la audiencia puede fomentar una conexión más profunda y mejorar el compromiso general. La creación de un estilo propio requiere experimentación y adaptación, anclando la identidad del creador en el vasto paisaje de YouTube. El uso eficaz de las técnicas de edición puede mejorar la narración manipulando los elementos visuales y sonoros para guiar la percepción del espectador. La incorporación de efectos de sonido, música de fondo y transiciones visuales puede crear una atmósfera convincente que cautive al público. La colocación estratégica de la música puede evocar una emoción concreta, ya sea excitación o nostalgia, mientras que los efectos de sonido pueden puntualizar chistes o enfatizar la acción. Las superposiciones de texto y los gráficos pueden servir para subrayar mensajes clave o proporcionar información complementaria, ayudando a contextualizar la narración. Estas técnicas no sólo enriquecen la experiencia visual, sino que también permiten a los creadores transmitir sus ideas con mayor eficacia. Al perfeccionar meticulosamente estos elementos, los creadores pueden producir vídeos que fomenten una atmósfera envolvente, animando a los espectadores a volver a verlos, y contribuyendo así al crecimiento de su base de suscriptores.

La continua evolución de los medios digitales exige que los creadores sean flexibles en sus estrategias de edición. Adaptarse a las tendencias actuales de edición, como la creciente popularidad de los cambios drásticos que se ven en los vídeos de estilo TikTok -a menudo caracterizados por cambios rápidos, ganchos atractivos y opciones visuales atrevidas-, puede afectar significativamente al rendimiento de un canal de YouTube. Comprender las características específicas de la plataforma, como la capacidad de YouTube Shorts, también permite crear formatos innovadores que pueden atraer la atención e impulsar la participación. El aprendizaje continuo sobre el software y las técnicas de edición emergentes dota a los creadores de las herramientas necesarias para diversificar su contenido y mantener el interés de su audiencia. Adoptar el cambio no sólo permite a los creadores mantener su relevancia, sino también destacar en un mercado saturado, allanando en última instancia el camino hacia la consecución de millones de suscriptores.

AÑADIR MÚSICA Y EFECTOS DE SONIDO

En el ámbito de la narración digital, el sonido desempeña un papel esencial en la mejora de la experiencia del espectador, trabajando en armonía con los elementos visuales para evocar emociones y mantener el compromiso. La música, por ejemplo, puede establecer el tono de un vídeo, ya sea alegre y energizante o sombrío y reflexivo. Los efectos de sonido aportan una capa adicional de inmersión, proporcionando señales auditivas que complementan la acción en pantalla. Los creadores deben seleccionar y sincronizar juiciosamente estos elementos auditivos, ya que una elección inadecuada puede interrumpir el flujo y confundir al espectador. Un efecto de sonido bien sincronizado puede puntualizar un momento, llamando la atención sobre un acontecimiento importante, mientras que la música de fondo puede ayudar a establecer el ritmo, facilitando en última instancia una conexión emocional con el público. Así pues, la integración meditada de la música y los efectos de sonido se convierte en un componente fundamental para crear una narración convincente que resuene en el espectador.

Es crucial tener en cuenta las cuestiones de derechos de autor al añadir elementos de audio al contenido de vídeo. Utilizar música y efectos de sonido libres de derechos de autor no sólo favorece el proceso creativo, sino que también protege frente a posibles ramificaciones legales. Plataformas como YouTube ofrecen bibliotecas de audio con licencia que pueden mejorar los vídeos sin preocuparse de infringir los derechos de autor. El incumplimiento de las leyes de derechos de autor puede dar lugar a la retirada de vídeos o incluso a la desmonetización de canales, lo que merma la capacidad de los creadores para llegar a un público más amplio y generar ingresos. En este sentido, la elección estratégica de elementos sonoros no sólo enriquece la paleta emocional de un vídeo, sino que al mismo tiempo protege la inversión de tiempo y energía de los creadores en su canal. La comprensión de las licencias y el uso de audio original o con la licencia adecuada es un aspecto crítico del diseño de sonido que no puede pasarse por alto. Incorporar música y efectos de sonido refuerza la marca de un creador, mostrando un estilo distintivo que puede diferenciarlo de sus competidores. La coherencia en los elementos de audio -como los sonidos característicos o la música temática- crea una identidad auditiva reconocible, fomentando un sentimiento de familiaridad y lealtad entre los espectadores. Esta familiaridad puede aumentar el recuerdo de la marca, animando a los suscriptores a volver y a interactuar con nuevos contenidos. Crear un paisaje sonoro único no sólo mejora la experiencia de visualización, sino que también subraya la narrativa de la marca personal del creador. A medida que los creadores de contenidos se adentran en YouTube, el poder del sonido como herramienta narrativa puede hacer que sus vídeos pasen de ser meras experiencias visuales a esfuerzos narrativos totalmente envolventes, sentando las bases para unas relaciones duraderas con los suscriptores y el crecimiento del canal.

VIII. MINIATURAS Y TÍTULOS

Una presencia visual impactante en YouTube depende en gran medida del uso estratégico de miniaturas y títulos. Estos elementos son el primer punto de interacción entre el creador y el espectador potencial, por lo que requieren un enfoque calculado que combine creatividad y claridad. Las miniaturas deben diseñarse para evocar curiosidad, al tiempo que reflejan claramente el contenido del vídeo. Las imágenes de alta resolución con colores llamativos y contrastados pueden mejorar la visibilidad en una miríada de dispositivos, asegurando que la miniatura destaque en los feeds abarrotados. Asimismo, la incorporación de texto o elementos gráficos que aludan a la propuesta de valor del vídeo puede atraer más clics, salvando la distancia entre la miniatura y el interés inicial del espectador por el contenido.
Igualmente importante es la elaboración de títulos que no sólo capten la atención, sino que también optimicen la capacidad de búsqueda. Los títulos eficaces deben ser concisos pero descriptivos, e integrar palabras clave que los espectadores potenciales probablemente busquen. Esta alineación con el algoritmo de YouTube mejora la capacidad de descubrimiento, lo que influye directamente en el alcance y la participación del vídeo. Los títulos pueden transmitir una sensación de urgencia o exclusividad: frases como No te lo vas a creer o Debes verlo pueden catalizar la acción del espectador creando desencadenantes psicológicos. Un título bien formulado, junto con una miniatura cautivadora, sinergiza para maximizar la tracción inicial del vídeo, fundamental para convertir a los navegantes ocasionales en suscriptores fieles.
La interacción entre las miniaturas y los títulos debe reflejar la

personalidad y el tema del canal para construir una identidad de marca coherente. A medida que los espectadores empiezan a asociar determinados estilos visuales y lenguajes con un creador, el potencial para establecer una audiencia dedicada aumenta sustancialmente. Esta coherencia sienta las bases para retener a los espectadores y fomenta un sentimiento de comunidad entre los suscriptores. En un entorno en el que numerosos creadores compiten por la atención de los espectadores, los que conservan eficazmente su marca visual mediante miniaturas bien pensadas y títulos convincentes tienen más probabilidades de destacar y lograr un éxito duradero. En consecuencia, el dominio de estos elementos es una estrategia fundamental para cualquier creador de YouTube decidido que pretenda aumentar su audiencia y su impacto.

IMPORTANCIA DE LAS MINIATURAS

En el competitivo panorama de YouTube, la presentación visual del contenido a menudo dicta el compromiso inicial del espectador. Las miniaturas desempeñan un papel fundamental en este aspecto, ya que son la primera impresión que se lleva un espectador potencial. Una miniatura llamativa puede obligar a los espectadores a hacer clic en un vídeo entre innumerables otros, aumentando así la visibilidad y el alcance potencial de la audiencia. Cuando el espectador medio se desplaza por muchas opciones, una miniatura bien diseñada con colores vivos, texto claro e imágenes llamativas puede crear una fuerte llamada a la acción. Este atractivo visual se convierte en el factor distintivo, por lo que es esencial que tanto los principiantes como los creadores experimentados inviertan tiempo en diseñar miniaturas que no sólo atraigan, sino que también representen con precisión el contenido del vídeo. Más allá de la estética, las miniaturas también funcionan como un medio vital para transmitir la esencia del vídeo. Un creador debe ser experto en equilibrar la creatividad con la claridad para garantizar que la miniatura comunique eficazmente el tema sin confundir a los espectadores potenciales. Esta representación estratégica crea expectativas en el espectador y establece el tono del contenido que sigue. Una marca coherente en las miniaturas fomenta el reconocimiento, permitiendo a los seguidores identificar fácilmente los vídeos de un creador entre la multitud de subidas a la plataforma. Así, la coherencia en el estilo puede aumentar la fidelidad de los espectadores, ya que los suscriptores llegan a asociar señales visuales específicas con contenido de calidad, lo que refuerza la identidad general de la marca. El impacto de las miniaturas se extiende a consideraciones algorítmicas que influyen en el rendimiento de los vídeos. Los algoritmos de YouTube favorecen los vídeos con un alto índice de clics, un resultado impulsado en gran medida por miniaturas atractivas. Cuando la miniatura de un vídeo atrae con éxito a los espectadores, no sólo aumenta la participación inmediata, sino que también contribuye a la visibilidad a largo plazo en los sistemas de recomendación de la plataforma. Invertir en el diseño de miniaturas no es un mero esfuerzo artístico; es un enfoque estratégico que puede influir significativamente en la trayectoria de crecimiento de un creador. Al aprovechar el poder de las miniaturas atractivas, los creadores se posicionan no sólo para conseguir la participación inicial de los espectadores, sino para lograr un éxito sostenido como parte de una estrategia global para conseguir millones de suscriptores con el tiempo.

CREAR TÍTULOS QUE MEREZCAN LA PENA

Es innegable que los creadores de contenidos de éxito saben que la primera impresión que recibe un espectador a menudo se resume en el título de un vídeo. Un título que merezca la pena hacer clic sirve de puerta de entrada, incitando a los espectadores a participar y obligándoles a hacer clic en el contenido. Para crear esos títulos, los creadores deben encontrar un equilibrio entre intriga y claridad, asegurándose de que el título refleje fielmente el contenido y, al mismo tiempo, despierte la curiosidad. Entre las técnicas eficaces se incluyen el uso de un lenguaje potente y evocador, la incorporación de cifras o estadísticas convincentes y el planteamiento de preguntas que inciten a la reflexión. Los títulos que prometen información valiosa o entretenimiento resuenan bien entre los espectadores, por lo que es más probable que se interesen por el contenido. Aprovechar las palabras clave es esencial para crear títulos impactantes que se ajusten a las prácticas de optimización de motores de búsqueda (SEO). Al incorporar palabras clave relevantes en los títulos, los creadores pueden mejorar significativamente su visibilidad tanto en YouTube como en los motores de búsqueda externos. Estas palabras clave deben colocarse estratégicamente, idealmente hacia el principio para captar la atención rápidamente. Analizar el contenido popular existente en el mismo nicho puede proporcionar información sobre las palabras clave y los temas de moda que resuenan entre el público objetivo. Incorporar desencadenantes emocionales en los títulos - como palabras que evoquen curiosidad, humor o urgencia- puede amplificar la probabilidad de clics. La eficacia de un título se mide a menudo no sólo por el número de clics que obtiene, sino también por la audiencia que atrae, asegurando que los espectadores encuentren lo que se les prometió. Probar e iterar sobre los títulos puede desempeñar un papel crucial en el perfeccionamiento de este aspecto esencial de la creación de contenidos. Las pruebas A/B de diferentes variaciones de títulos pueden ayudar a identificar cuál resuena más profundamente en el público, analizando las métricas de participación, como el porcentaje de clics y el tiempo de retención. Los creadores de contenidos deben considerar la posibilidad de realizar ajustes en función de los comentarios de los espectadores o de los datos de rendimiento, lo que les permitirá seguir respondiendo a las preferencias de la audiencia. Evaluar a la competencia y observar los canales de éxito puede aportar ideas innovadoras que inspiren estrategias únicas de creación de títulos. Al evaluar y mejorar constantemente su enfoque, los YouTubers pueden crear un repertorio de títulos que merezcan la pena y que no sólo fomenten la participación inicial, sino que también construyan una base de suscriptores leales a lo largo del tiempo. Mediante estas estrategias, los creadores pueden elevar su contenido y maximizar su impacto en un mercado saturado, sentando las bases para el éxito a largo plazo.

PRUEBAS A/B DE MINIATURAS Y TÍTULOS
En el panorama digital de la creación de contenidos de vídeo, captar la atención del espectador en los primeros segundos es primordial. Esta urgencia subraya la importancia de las pruebas A/B de miniaturas y títulos, elementos cruciales que influyen enormemente en el porcentaje de clics. Experimentando con distintos elementos visuales y de redacción, los creadores pueden analizar qué combinaciones resuenan más con su audiencia. Una miniatura brillante y colorida puede atraer clics, mientras

que un diseño más sencillo, basado en texto, puede atraer a los espectadores que buscan claridad. La realización de pruebas sistemáticas permite a los creadores recopilar datos empíricos sobre las preferencias de los espectadores, lo que les permite crear imágenes y títulos atractivos que amplifican su alcance e implicación. La metodología de las pruebas A/B implica no sólo la creación de miniaturas y títulos alternativos, sino también la supervisión cuidadosa de las métricas de rendimiento. En este proceso son cruciales factores como la retención del espectador, el tiempo de participación y los comentarios de la audiencia, que proporcionan información sobre las preferencias de un grupo demográfico objetivo. Utilizando las pruebas A/B, los creadores de contenidos pueden determinar qué elementos de su enfoque conducen a una mayor satisfacción e interacción de los espectadores. Este proceso de toma de decisiones basado en datos transforma la estrategia de contenidos de conjetura en ciencia, fomentando una conexión más profunda con la audiencia. Con el tiempo, estas estrategias contribuyen a una comprensión evolutiva de lo que funciona mejor, impulsando en última instancia las suscripciones y la fidelidad de los espectadores. A medida que cambian las tendencias en YouTube, también deben hacerlo las estrategias empleadas por los creadores, lo que refuerza la necesidad de reevaluar continuamente las miniaturas y los títulos. Estudios recientes han indicado que los títulos de vídeo con un sentido de urgencia o exclusividad obligan a los usuarios a hacer clic, mientras que las miniaturas estéticamente atractivas pueden cambiar significativamente el comportamiento del espectador. Perfeccionar estos elementos no sólo mejora el atractivo inmediato de un vídeo, sino que también contribuye a la identidad de marca a largo plazo. Los creadores que adoptan las pruebas A/B como parte integral de su proceso de desarrollo de contenidos suelen ser más capaces de adaptarse a las preferencias cambiantes de los espectadores y a los algoritmos de las plataformas. En un escenario cada vez más competitivo, los que están dispuestos a iterar e innovar mediante pruebas suelen ser los que logran un crecimiento sustancial y un éxito sostenido.

IX. ENTENDER LOS ALGORITMOS DE YOUTUBE

Navegar por las complejidades de las recomendaciones algorítmicas es esencial para los aspirantes a creadores de YouTube que aspiran a un crecimiento sustancial de suscriptores. En esencia, el algoritmo de YouTube está diseñado para promover contenidos que atraigan a los espectadores y los mantengan más tiempo en la plataforma. El algoritmo tiene en cuenta principalmente las métricas de participación de los usuarios, como el tiempo de visionado, los me gusta, los comentarios y las comparticiones, para determinar qué vídeos aparecen en los resultados de búsqueda o en los feeds recomendados. Comprender este marco permite a los creadores producir contenidos que se ajusten a las preferencias de los usuarios, mejorando así la capacidad de descubrimiento. Al centrarse en estos indicadores clave de rendimiento, los creadores pueden afinar su enfoque, asegurándose de que cada vídeo no sólo atraiga las visualizaciones iniciales, sino que también anime a los espectadores a explorar contenidos adicionales, fomentando en última instancia una base de suscriptores leales.

Por lo tanto, crear contenidos que resuenen en el público no es sólo un arte, sino también una ciencia basada en la comprensión algorítmica. Los títulos, las descripciones y las etiquetas de los vídeos desempeñan un papel importante en la forma en que el contenido se clasifica y se ofrece a los espectadores potenciales, por lo que la optimización de estos elementos es una táctica fundamental para el crecimiento. Incorporar palabras clave relevantes que probablemente busque un público objetivo puede aumentar drásticamente la visibilidad de un vídeo. Las miniaturas estratégicas y las secuencias de apertura atractivas son fundamentales para captar rápidamente la atención del espectador. Estas técnicas son esenciales para combatir a la competencia, ya que innumerables vídeos compiten cada día por la atención de los espectadores. La combinación de creatividad y conocimiento algorítmico permite a los creadores con talento capitalizar los temas de moda y los intereses de los espectadores, estableciendo un canal dinámico que evoluciona con las demandas de la audiencia.

En este panorama en continua evolución, la adaptabilidad sigue siendo clave para el éxito a largo plazo en YouTube. La plataforma actualiza con frecuencia su algoritmo, reflejando los cambios en el comportamiento de los usuarios y los avances tecnológicos. Los creadores que siguen estos cambios y ajustan sus estrategias en consecuencia tienen más probabilidades de mantener y aumentar su base de suscriptores. Responder a los cambios hacia formatos de contenido más cortos, como demuestra el auge de los YouTube Shorts, puede permitir a los creadores llegar a nuevos grupos demográficos y atraer a los espectadores de forma eficaz. Aprovechar los análisis para controlar los patrones de participación de los espectadores puede informar sobre cuándo y cómo publicar nuevos contenidos, maximizando su impacto. Este proceso iterativo de aprendizaje y adaptación no sólo permite a los creadores perfeccionar su arte, sino que también cultiva la resistencia, garantizando que sigan siendo relevantes en un mercado cada vez más competitivo.

CÓMO FUNCIONA EL ALGORITMO

En el corazón de la funcionalidad de YouTube se encuentra un algoritmo multifacético diseñado para maximizar la participación del usuario y el descubrimiento de contenidos. Este algoritmo funciona mediante una compleja interacción de puntos de datos, como el comportamiento del usuario, las métricas de participación en los vídeos y la relevancia del contenido. Cuando un usuario interactúa con el contenido -ya sea a través de "me gusta", "compartir", "comentarios" o "visualizaciones"-, el algoritmo toma nota de estas acciones para personalizar futuras recomendaciones. Analizando los datos históricos de los usuarios, el algoritmo evoluciona para presentar vídeos que no sólo se ajustan a las preferencias anteriores de los espectadores, sino que también les presentan a nuevos creadores que pueden coincidir con sus intereses. Este sistema de entrega de contenidos personalizados se basa en el aprendizaje automático, que refina continuamente sus capacidades predictivas basándose en conjuntos de datos cada vez mayores.

Entender cómo optimizar el contenido para este intrincado algoritmo es fundamental para los creadores que buscan ampliar su alcance. Elaborar adecuadamente los títulos, las descripciones y las etiquetas de los vídeos utilizando palabras clave relevantes puede mejorar significativamente la capacidad de descubrimiento. Intentar alinear el contenido con temas de tendencia o términos de búsqueda también puede ofrecer una ventaja estratégica. La participación aumenta aún más con miniaturas cautivadoras e introducciones convincentes que enganchen a los espectadores en los primeros segundos. Es importante que los creadores controlen los análisis para identificar lo que funciona; métricas como las tasas de retención de audiencia y de clics proporcionan información valiosa sobre las preferencias de los espectadores. Adaptar el contenido en función de estos datos no sólo sirve para futuros vídeos, sino que permite responder mejor a los intereses de la audiencia.

La capacidad de un creador para sortear los cambios en el algoritmo puede diferenciarle en un panorama cada vez más competitivo. A medida que evolucionan los algoritmos, es fundamental mantenerse informado sobre las actualizaciones y las mejores prácticas. Crear un programa de subidas coherente, participar en los comentarios de los espectadores y fomentar la interacción con la comunidad son tácticas esenciales para aumentar la visibilidad con el tiempo. Evaluar periódicamente los análisis del canal ayuda a los creadores a adaptar sus estrategias en tiempo real, garantizando que sigan siendo relevantes en medio de las tendencias cambiantes. A largo plazo, combinar la comprensión del algoritmo con contenidos de calidad y una participación activa fomenta una trayectoria de crecimiento sostenible, que permite a los creadores no sólo atraer, sino también conservar, una base de suscriptores apasionados.

FACTORES QUE AFECTAN A LA CLASIFICACIÓN DE LOS VÍDEOS

Las métricas de participación desempeñan un papel fundamental a la hora de determinar la clasificación de los vídeos en YouTube. El algoritmo tiene en cuenta varias formas de interacción de los usuarios, como los "me gusta", los comentarios, las comparticiones y el tiempo de visionado. Los altos niveles de participación indican a YouTube que un vídeo está resonando entre los espectadores, lo que lleva a la plataforma a promocionarlo de forma más agresiva en los resultados de búsqueda y en las recomendaciones. Los creadores de contenido pueden mejorar estas métricas creando miniaturas y títulos atractivos que capten la atención y animen a hacer clic. Terminar los vídeos con una llamada a la acción, como pedir a los espectadores que comenten o compartan, puede aumentar aún más las tasas de participación. Al comprender que la participación no es sólo un objetivo, sino un componente vital de la clasificación, los creadores pueden adaptar sus estrategias de contenido para fomentar una conexión más profunda con su audiencia. Otro factor importante que influye en la clasificación de los vídeos es la optimización para motores de búsqueda (SEO). Al igual que las páginas web tradicionales utilizan palabras clave para mejorar su visibilidad en los resultados de búsqueda, los vídeos de YouTube se benefician de un uso eficaz de las palabras clave para atraer a espectadores relevantes. Esto incluye optimizar los títulos, descripciones y etiquetas de los vídeos con palabras clave estratégicas que los espectadores potenciales probablemente busquen. Estructurar el contenido para abordar preguntas o temas específicos puede mejorar su relevancia, aumentando así la probabilidad de aparecer en los resultados de búsqueda. Las transcripciones de vídeo también son una herramienta útil, ya que proporcionan texto que puede ser indexado por los motores de búsqueda y ayudan a los espectadores a encontrar el contenido más fácilmente. Al integrar las mejores prácticas de SEO, los creadores de contenidos pueden ampliar significativamente la capacidad de descubrimiento de sus vídeos y garantizar que lleguen a un público más amplio. No se puede exagerar la coherencia en la entrega de contenidos cuando se considera la dinámica de clasificación de los vídeos. El algoritmo de YouTube favorece a los canales que publican con regularidad y mantienen un calendario de subidas predecible. Esta coherencia no sólo crea expectación entre los suscriptores, sino que también establece una rutina que puede impulsar la audiencia a lo largo del tiempo. Los creadores que se comprometen con un calendario de contenidos están mejor posicionados para analizar tendencias, experimentar con distintos tipos de contenidos y adaptar sus estrategias en función de los comentarios de la audiencia y las métricas de rendimiento. Las subidas regulares pueden mejorar la retención de espectadores y animar a los suscriptores a participar más activamente en el canal. Como resultado, la coherencia no sólo determina los hábitos de los espectadores, sino que también indica a YouTube que un canal es una fuente autorizada en su nicho, lo que refuerza su clasificación en los resultados de búsqueda y en las recomendaciones.

ESTRATEGIAS PARA TRABAJAR CON EL ALGORITMO

Comprender los entresijos del algoritmo de YouTube es esencial para cualquier creador que quiera prosperar en la plataforma. En esencia, el algoritmo da prioridad a la participación de los espectadores, teniendo en cuenta factores como el tiempo de visionado, los "me gusta", los comentarios y las comparticiones. Crear contenido de alta calidad que cautive a los espectadores desde el principio es fundamental. Las miniaturas atractivas y los títulos convincentes pueden atraer a los espectadores potenciales, pero mantener su interés durante todo el vídeo es crucial para maximizar el tiempo de visionado. Es beneficioso emplear técnicas de narración, ritmo y elementos visuales que resuenen con el público objetivo. Analizando sistemáticamente qué vídeos funcionan mejor en términos de retención y participación de la audiencia, los creadores pueden refinar continuamente su enfoque, asegurándose de que alinean sus estrategias de contenido con las preferencias algorítmicas. Actualizar y optimizar regularmente el contenido es otra estrategia poderosa que los creadores pueden emplear para trabajar en armonía con el algoritmo de YouTube. Con el tiempo, las tendencias en la plataforma evolucionan, y los temas que pueden haber resonado anteriormente pueden caer en desgracia. Estar al día de las tendencias actuales y ajustar el contenido en consecuencia puede ayudar a mantener la relevancia. Aprovechar las herramientas de análisis de datos disponibles en YouTube puede proporcionar información sobre los datos demográficos de la audiencia, los hábitos de visualización y las métricas de participación. Al diseccionar esta información, los creadores pueden elaborar estrategias de contenido futuro que no sólo satisfagan las preferencias de los espectadores, sino que también se adhieran a las inclinaciones algorítmicas. Este enfoque proactivo requiere diligencia, pero en última instancia fomenta un ciclo de creación de contenidos adaptable que tiene más probabilidades de generar un aumento de suscriptores.

Los esfuerzos de colaboración entre creadores también pueden servir como vía estratégica para aprovechar el algoritmo en beneficio propio. Asociarse con otros creadores de contenidos permite la promoción cruzada, exponiendo los canales a nuevas audiencias y proporcionando una nueva perspectiva a los espectadores existentes. Cuando los creadores colaboran, pueden combinar sus estilos y audiencias únicos, lo que aumenta la participación de los espectadores y puede conducir a una mayor visibilidad en la plataforma. Las apariciones de invitados o las menciones pueden ayudar a crear una comunidad dentro del ecosistema de creadores, fomentando aún más la retención de espectadores y la interacción, un aspecto crítico que el algoritmo recompensa. Al fomentar las colaboraciones, los creadores no sólo mejoran su propia visibilidad, sino que también contribuyen a un entorno de YouTube vibrante e interconectado, esencial para un éxito sostenido.

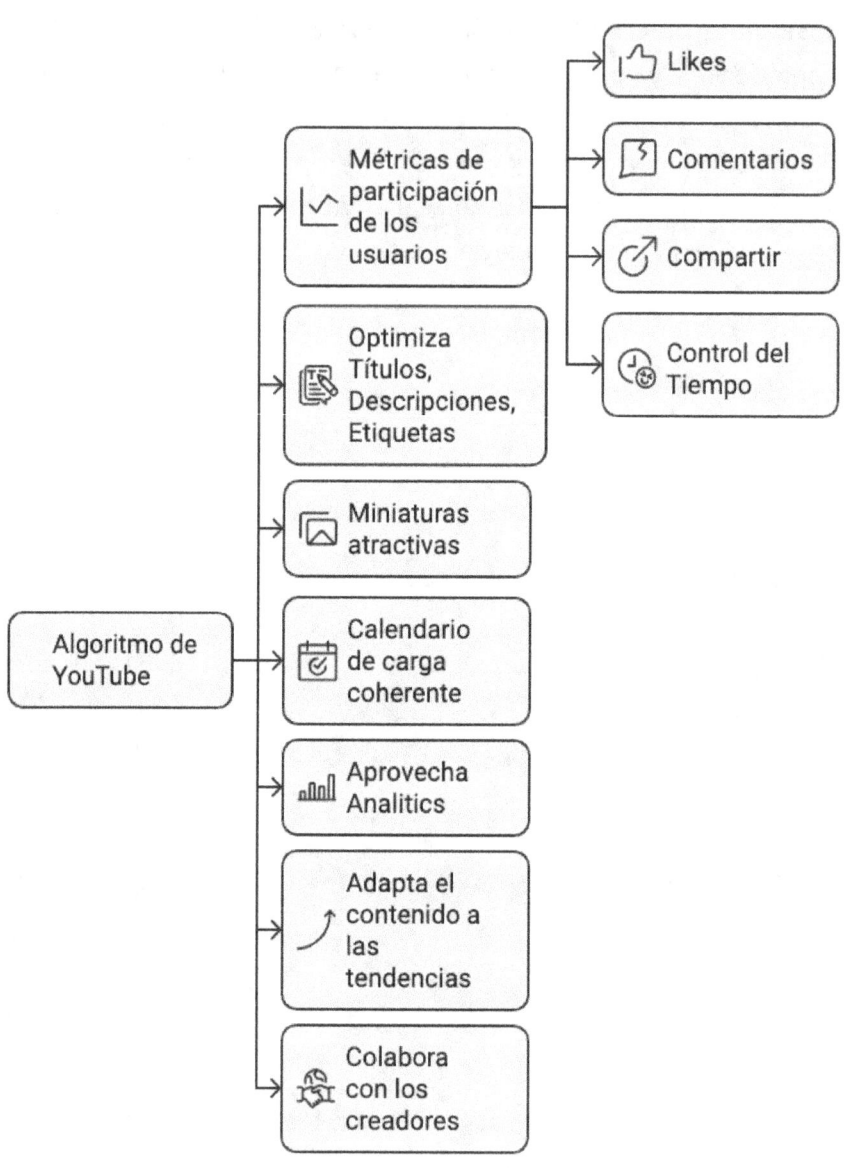

X. OPTIMIZAR LAS DESCRIPCIONES DE LOS VÍDEOS

Una descripción de vídeo bien elaborada es un componente esencial de cualquier estrategia de éxito en YouTube, ya que sirve tanto de herramienta promocional como de medio para mejorar la capacidad de descubrimiento. Las descripciones eficaces aprovechan las palabras clave relevantes que se alinean con las consultas de búsqueda previstas del público objetivo, lo que influye directamente en la clasificación del vídeo dentro del algoritmo de YouTube. Al integrar términos y frases comúnmente asociados con el contenido del vídeo de forma natural y atractiva, los creadores pueden aumentar su visibilidad y atraer a más espectadores. Proporcionar metadatos, como marcas de tiempo para puntos significativos dentro del vídeo, mejora la experiencia del usuario y fomenta la retención de espectadores, ya que el público puede navegar por el contenido de forma más eficiente. El uso estratégico de palabras clave y metadatos transforma las descripciones de vídeo de meros resúmenes en potentes herramientas que atraen e informan a los espectadores potenciales. Más allá de la optimización de palabras clave, las descripciones de vídeo también deben incorporar una narrativa persuasiva y atractiva que incite a los espectadores a ver el contenido. Las líneas iniciales deben captar la atención de inmediato, ofreciendo un gancho convincente que destaque el valor del vídeo. A medida que los espectadores hojean las descripciones, una invitación directa a participar -ya sea a través de comentarios, comparticiones o suscripciones- puede fomentar un sentido de comunidad y aumentar las tasas de interacción. Incluir enlaces a vídeos relacionados, listas de reproducción y cuentas de redes sociales puede crear vías interconectadas para los espectadores, fomentando un compromiso más profundo con el contenido de los creadores. Este enfoque no sólo aumenta las posibilidades de retener la atención de los espectadores, sino que también facilita la lealtad a la marca, ya que el público está más inclinado a suscribirse cuando percibe un valor continuo de un creador.

Revisar y modificar las descripciones de los vídeos con regularidad puede reportar importantes dividendos a la hora de mantener el interés de los espectadores y optimizar los algoritmos cambiantes. A medida que cambian las tendencias y evolucionan las preferencias de la audiencia, los creadores deben analizar el rendimiento de sus descripciones mediante análisis para identificar qué elementos resuenan con mayor eficacia entre los espectadores. Implementar pruebas A/B para diferentes estilos de descripción o selecciones de palabras clave también puede identificar lo que fomenta la participación y aumenta el alcance. Al mantenerse adaptables, los creadores pueden perfeccionar sus estrategias para adaptarse tanto a las actualizaciones de la plataforma como a las expectativas de los espectadores. En este proceso iterativo, la optimización de las descripciones de los vídeos no sólo favorece el crecimiento en términos de visualizaciones y suscripciones, sino que también refuerza el compromiso del creador de ofrecer contenido valioso y centrado en la audiencia.

IMPORTANCIA DE LAS DESCRIPCIONES

El compromiso efectivo con una audiencia depende en gran medida de las descripciones que acompañan al contenido del vídeo. Estas descripciones actúan como un mini-resumen, proporcionando a los espectadores potenciales una idea de lo que pueden esperar. Las descripciones bien elaboradas no sólo mejoran la capacidad de búsqueda de un vídeo mediante la inclusión estratégica de palabras clave, sino que también establecen el tono y el contexto, lo que puede incitar a los usuarios a hacer clic. Al esbozar el contenido del vídeo con claridad, los creadores pueden transmitir eficazmente la propuesta de valor, atrayendo a los espectadores que buscan temas relevantes. Una descripción informativa y atractiva actúa como primer punto de interacción con los suscriptores potenciales, lo que influye significativamente en el porcentaje de clics y en el interés inicial de los espectadores. En el bullicioso ecosistema de YouTube, destacar requiere algo más que miniaturas atractivas y títulos intrigantes; hay que aprovechar todas las oportunidades para comunicarse con la audiencia. Las descripciones detalladas ofrecen a los creadores una sólida plataforma para profundizar en los temas del vídeo, proporcionando información que puede enriquecer la experiencia de visualización. Incluir enlaces relevantes, créditos o recursos adicionales en la descripción no sólo ofrece a los espectadores más formas de participar, sino que también fomenta un sentimiento de comunidad y confianza. Esta práctica aumenta la retención de usuarios, animando a los espectadores a explorar más el contenido de los creadores. Así pues, las descripciones son una herramienta esencial en las estrategias de marca y de retención de espectadores.

El papel de las descripciones trasciende la mera funcionalidad; contribuyen a la narración y a la identidad de la marca. Una descripción bien escrita puede evocar emociones, dilucidar mensajes clave e invitar a la interacción del espectador, lo que puede cultivar una base de suscriptores leales. A medida que los creadores de contenidos perfeccionan sus habilidades, el refinamiento de sus técnicas descriptivas puede conducir a mejoras significativas en métricas como el tiempo de visionado y el crecimiento de suscriptores. Cada aspecto de una descripción -tono, lenguaje y estructura- debe resonar con la audiencia de los creadores, reflejando su voz y su intención. Una descripción convincente puede diferenciar un canal en un espacio abarrotado, reforzando la misión del creador y ayudando al mismo tiempo al espectador en su viaje hacia un compromiso más profundo.

BÚSQUEDA Y USO DE PALABRAS CLAVE

La selección y el despliegue estratégicos de palabras clave pueden alterar fundamentalmente la trayectoria de la visibilidad de un canal de YouTube. Al integrar palabras clave relevantes en los títulos, descripciones y etiquetas, los creadores de contenido pueden mejorar significativamente la capacidad de descubrimiento de sus vídeos en los resultados de búsqueda y en las recomendaciones. No se trata simplemente de insertar términos populares, sino de comprender la intención que hay detrás de ellos. Los creadores de éxito suelen utilizar herramientas como Google Trends, TubeBuddy y VidIQ para llevar a cabo una investigación en profundidad, que revele las frases que su público objetivo busca activamente. Armados con este conocimiento, los creadores pueden elaborar contenidos que no sólo respondan a estas consultas, sino que también posicionen sus vídeos favorablemente en los algoritmos de búsqueda. Así pues, la investigación de palabras clave no es sólo un ejercicio técnico, sino que encarna una comprensión matizada del comportamiento de la audiencia y de las demandas del mercado.

El uso eficaz de las palabras clave va más allá de la mecánica de la capacidad de búsqueda; desempeña un papel esencial en la configuración de la estrategia de contenidos. Los creadores deben formar una red interconectada de palabras clave relacionadas para construir una narrativa cohesiva a través de sus vídeos y canales. Un canal de cocina puede centrarse en palabras clave relacionadas con determinadas cocinas, restricciones dietéticas o técnicas culinarias, creando listas de reproducción que respondan a estos intereses. Al alinear sistemáticamente el contenido con palabras clave investigadas, los creadores establecen autoridad en nichos específicos, animando a los suscriptores a esperar y buscar su perspectiva única. Dado que los algoritmos de YouTube favorecen la participación de los usuarios, las palabras clave colocadas estratégicamente pueden mejorar la retención de espectadores al garantizar que el contenido siga siendo relevante y se ajuste a las expectativas de la audiencia. Dominar la investigación y el uso de palabras clave es un ciclo continuo de análisis y adaptación. A medida que cambian las tendencias y evoluciona el público, los creadores deben permanecer alerta, reevaluando sus estrategias de palabras clave e integrando términos nuevos e impactantes en sus contenidos. Revisar periódicamente los análisis proporciona información muy valiosa sobre la demografía de los espectadores y los patrones de participación, lo que permite un enfoque iterativo de la selección de palabras clave. La participación de la comunidad, a través de comentarios y redes sociales, puede descubrir intereses emergentes que aún no se han captado ampliamente. Al mantenerse ágiles y receptivos a estos cambios, los creadores de contenidos no sólo aumentan su visibilidad, sino que también fomentan conexiones más profundas con su audiencia, garantizando así un crecimiento sostenible en un panorama cada vez más competitivo.

LLAMADAS A LA ACCIÓN EN LAS DESCRIPCIONES

Una llamada a la acción (CTA) eficaz dentro de las descripciones de los vídeos sirve como puente crítico entre un contenido cautivador y el compromiso de la audiencia. El lenguaje utilizado en estas descripciones debe evocar una sensación de urgencia o importancia, incitando a los espectadores a tomar medidas específicas después de ver el vídeo. Frases como "Suscríbete ahora para ver más contenido como éste" o "Únete a la comunidad en los comentarios de abajo" pueden crear una atmósfera interactiva. Al colocar estratégicamente las CTA al principio y al final de las descripciones, los creadores animan a los espectadores no sólo a reflexionar sobre el contenido, sino también a participar en un diálogo más amplio en torno a él. Este método refuerza la retención de los espectadores y fomenta el sentido de pertenencia, componentes esenciales del éxito de un canal de YouTube. La incorporación de CTA convincentes también se alinea estrechamente con el algoritmo de YouTube, que premia las métricas de participación, como los me gusta, los comentarios y las suscripciones. Cuando los creadores invitan eficazmente a los espectadores a actuar, aumentan la probabilidad de que aparezcan estos marcadores de participación. Una indicación bien colocada que anime a los espectadores a compartir sus opiniones sobre un tema concreto puede provocar una avalancha de comentarios, indicando al algoritmo que el vídeo tiene resonancia entre su audiencia. Esta relación subraya la importancia de comprender tanto la creación como la optimización de contenidos en el panorama competitivo actual. La construcción cuidadosa de las CTA dentro de las descripciones, informada por los datos y el comportamiento de los usuarios, no sólo dirige las acciones de los espectadores, sino que también aumenta estratégicamente la probabilidad de una mayor visibilidad dentro de la plataforma.

La eficacia de las CTA en las descripciones de los vídeos aumenta aún más cuando se integran perfectamente en la estrategia general de contenidos. Los creadores deben adaptar sus CTA para reflejar los temas y mensajes de sus vídeos, asegurándose de que parezcan orgánicos y no forzados. Esta alineación no sólo fomenta la autenticidad, sino que también refuerza la confianza de los espectadores, fomentando la fidelidad a largo plazo al canal. Se puede aprovechar la analítica para evaluar el rendimiento de las distintas CTA, lo que permite a los creadores perfeccionar sus enfoques en función de lo que mejor resuene con su audiencia. Al cultivar una interacción dinámica entre el contenido, la interacción del espectador y las CTA receptivas, los canales pueden elevar sus niveles de compromiso, impulsándolos en última instancia hacia hitos de suscripción y crecimiento sostenido.

¿Cómo optimizar las descripciones de los vídeos para mejorar la participación y la visibilidad?

Optimización de palabras clave
Utiliza palabras clave relevantes para mejorar la capacidad de búsqueda y la clasificación.

Narrativa atractiva
Elabora descripciones persuasivas y atractivas para captar la atención.

Incluir metadatos
Proporciona marcas de tiempo y enlaces para mejorar la experiencia del usuario.

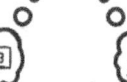

Revisión periódica
Analiza el rendimiento y actualiza las descripciones para adaptarlas a las tendencias.

XI. INTERACTUAR CON TU PÚBLICO

Crear una fuerte conexión con los espectadores va más allá del mero entretenimiento; engloba la creación de una comunidad en la que los miembros de la audiencia se sientan valorados y comprendidos. Los creadores de contenidos que dan prioridad al compromiso suelen ver florecer sus canales, ya que invitan a la conversación a través de comentarios, transmisiones en directo e interacciones en las redes sociales. Al reconocer la opinión de los espectadores y responder a sus comentarios, los creadores pueden cultivar un sentimiento de lealtad y pertenencia, que hace que el público vuelva a por más. Aprovechar funciones como las encuestas y las preguntas permite a los creadores evaluar qué contenido resuena más, fomentando un diálogo bidireccional que mejora la experiencia del espectador. Este nivel de compromiso crea una atmósfera dinámica en torno al canal, permitiendo que el contenido evolucione de forma que se ajuste estrechamente a las preferencias de la audiencia.

Además del compromiso directo, incorporar elementos narrativos a los vídeos puede mejorar significativamente la conexión con el espectador. Las narraciones presentan experiencias auténticas que resuenan a nivel personal, invitando a los espectadores a verse a sí mismos dentro de la historia. Los creadores que incorporan la narración a su contenido a menudo descubren que cautiva a la audiencia, atrayéndola hacia el material y, al mismo tiempo, fomentando el intercambio y el debate. Crear un arco argumental convincente -completado con personajes, retos y resoluciones identificables- permite a los creadores evocar respuestas emocionales, transformando a los espectadores ocasionales en fieles seguidores. Esta inversión emocional no sólo retiene a los suscriptores, sino que también fomenta el boca a boca, ya que los espectadores se sienten obligados a compartir historias impactantes con sus redes. La interacción entre el contenido de calidad y la participación de la audiencia puede influir drásticamente en la visibilidad de un creador en la plataforma. El algoritmo de YouTube recompensa a los canales que demuestran altos niveles de interacción a través del tiempo de visionado, los "me gusta" y los "compartir", lo que hace que la participación de la audiencia sea un componente esencial de cualquier estrategia de crecimiento. Los creadores deben supervisar cuidadosamente los análisis para identificar qué tipos de contenido suscitan más interacción, y utilizar estos datos para informar sobre futuros vídeos. Unas tasas de participación consistentemente altas pueden dar lugar a mejores recomendaciones de la plataforma, lo que lleva a una mayor exposición y a un éxito potencialmente viral. Estableciendo un ciclo de producción de contenidos atractivos y participando activamente en las interacciones de los espectadores, los creadores pueden aprovechar el entusiasmo de la audiencia para impulsar sus canales a nuevas cotas.

RESPONDER A LOS COMENTARIOS

El compromiso es un componente vital en la evolución de cualquier canal de YouTube de éxito, y responder a los comentarios desempeña un papel crucial en el fomento de una comunidad vibrante. Cuando los creadores se comprometen activamente con su audiencia respondiendo a los comentarios, no sólo cultivan la lealtad entre sus suscriptores, sino que también animan a más espectadores a participar en los debates. Las respuestas personalizadas a los comentarios demuestran que el creador valora las aportaciones de su audiencia, haciendo que los suscriptores se sientan reconocidos y conectados con el contenido. Esta dinámica no sólo ayuda a humanizar al creador, sino que también facilita una conversación bidireccional, convirtiendo a los espectadores pasivos en participantes activos. Cada interacción puede mejorar significativamente la experiencia general del espectador, lo que es esencial para la retención a largo plazo y el crecimiento de los suscriptores. Responder a los comentarios ofrece a los creadores de contenidos una oportunidad única para conocer la opinión de la audiencia. Los comentarios suelen contener información valiosa sobre lo que les ha gustado a los espectadores, lo que desean ver más o las áreas que necesitan mejorar. Analizando estos comentarios, los creadores pueden adaptar sus contenidos para que se ajusten mejor a las preferencias de su público, aumentando así la satisfacción y la retención de los espectadores. Responder a las críticas constructivas también transmite profesionalidad y voluntad de adaptación, lo que puede generar más confianza en la marca del creador. Prestar mucha atención a las sugerencias de la audiencia puede dar lugar a ideas de contenido innovadoras que calen hondo, mejorando la calidad general del canal. En este sentido, los comentarios eficaces no sólo sirven como forma de compromiso, sino como herramienta vital en el proceso continuo de creación de contenidos.

El tono y el contenido de las respuestas pueden influir significativamente en el ambiente de la comunidad. Los creadores que se toman el tiempo de elaborar respuestas reflexivas y respetuosas cultivan un ambiente positivo que puede disuadir de la negatividad y el trolling. Al establecer una norma para el diálogo constructivo, los creadores pueden infundir una sensación de seguridad y respeto en sus secciones de comentarios, lo que conduce a una experiencia más agradable para todos los participantes. Esta positividad puede crear un efecto dominó, animando a los espectadores a relacionarse más positivamente entre sí. Al responder a los comentarios, los creadores deben ser conscientes de su lenguaje y comportamiento, ya que estos elementos conforman la cultura de la comunidad. Una sección de comentarios bien nutrida no sólo refleja los valores de los creadores, sino que también indica a los suscriptores potenciales que el canal es un espacio acogedor, lo que contribuye a su crecimiento y éxito.

CREAR PUESTOS COMUNITARIOS

La participación dentro de la comunidad desempeña un papel fundamental en el éxito de un canal de YouTube, y un método eficaz para fomentar dicha participación son las publicaciones de la comunidad. Estas publicaciones permiten a los creadores interactuar con su audiencia más allá del contenido de vídeo, ofreciendo un espacio para compartir actualizaciones, solicitar comentarios o iniciar debates. Compartiendo constantemente encuestas, información entre bastidores o incluso anécdotas personales, los creadores pueden establecer una conexión más estrecha con sus espectadores. Este toque personal no sólo humaniza al creador de contenidos, sino que también anima a los suscriptores a sentirse implicados en la trayectoria del canal. Comprometerse con la comunidad es esencial, ya que ayuda a mantener la lealtad de los espectadores y les anima a convertirse en defensores de la marca, amplificando así el alcance y la participación. La incorporación estratégica de publicaciones de la comunidad puede proporcionar información valiosa sobre las preferencias y el comportamiento de la audiencia. Publicar periódicamente encuestas o pedir opiniones sobre las próximas ideas de contenido permite a los creadores calibrar lo que más resuena entre su audiencia. Este bucle de información no sólo sirve para crear contenidos, sino que mejora la satisfacción del espectador al garantizar que el material se ajusta a los intereses de los suscriptores. Los creadores pueden aprovechar las publicaciones de la comunidad para promocionar próximos vídeos o eventos, dirigiendo eficazmente el tráfico a su contenido principal. Al tratar a su audiencia como colaboradores y no como meros consumidores, los creadores pueden aprovechar esta función interactiva para mantener el entusiasmo y la inversión, lo que se traduce en una base de suscriptores más dedicada y proactiva. No hay que pasar por alto el potencial de crecimiento viral a través de estrategias eficaces de publicación en la comunidad. Las publicaciones atractivas y compartibles pueden llegar más allá de las métricas tradicionales de suscriptores, atrayendo a nuevos espectadores que de otro modo no habrían conocido el canal. Una publicación humorística bien elaborada o una pregunta conmovedora pueden suscitar "me gusta" y "compartir" en varias plataformas de redes sociales, lo que lleva a un descubrimiento orgánico y a un mayor alcance de la audiencia. Es crucial que los creadores aborden estas publicaciones con creatividad y autenticidad para que resuenen tanto entre los suscriptores actuales como entre los potenciales. Al integrar las publicaciones de la comunidad en su estrategia de contenidos más amplia, los creadores pueden desbloquear nuevas vías de conexión y visibilidad que contribuyen significativamente a su crecimiento en la plataforma. Las publicaciones de la comunidad no son una mera herramienta complementaria, sino un componente vital de la estrategia general para construir una presencia exitosa en YouTube.

SESIONES DE PREGUNTAS Y RESPUESTAS EN DIRECTO

Interactuar directamente con la audiencia puede amplificar significativamente el alcance y la relevancia de un creador de YouTube, un potencial que se desbloquea a través de las sesiones de preguntas y respuestas en directo. Estos eventos proporcionan una plataforma única para que los creadores conecten personalmente con sus espectadores, fomentando un sentimiento de comunidad que los vídeos grabados simplemente no pueden reproducir. La naturaleza interactiva de las sesiones en directo permite comentarios y debates en tiempo real, lo que aumenta la fidelidad de los espectadores y fomenta la participación. Los creadores suelen notar que ese compromiso directo aumenta la inversión emocional de su audiencia, lo que puede conducir a mayores tasas de retención y a un mayor crecimiento de suscriptores. Este canal de comunicación inmediata también puede revelar información sobre las preferencias y expectativas de la audiencia, lo que permite a los creadores adaptar el contenido futuro con mayor eficacia.

Prepararse para una sesión de preguntas y respuestas en directo no sólo requiere preparación técnica, sino también comprender la dinámica del público. Los creadores de éxito suelen promocionar sus sesiones con antelación, utilizando los canales de las redes sociales y las publicaciones de la comunidad para promocionar el evento y recoger preguntas. Durante la sesión, tener un formato estructurado -como una lista de tomas o una secuencia de temas- puede ayudar a mantener la concentración, haciendo que la experiencia sea agradable tanto para el creador como para el público. Responder cuidadosamente a las preguntas de los espectadores demuestra un interés y una atención genuinos, elementos esenciales para cultivar una base de seguidores leales. Los creadores también deben ser flexibles y estar dispuestos a adaptarse, ya que las discusiones espontáneas a menudo pueden dar lugar a los contenidos más atractivos.

La evaluación posterior a la sesión es otro aspecto crítico que no puede pasarse por alto. Los creadores deben analizar las reacciones de la audiencia y los tipos de preguntas que generaron más participación para informar sobre futuras estrategias de contenido. Este análisis permite mejoras iterativas en la calidad y la relevancia, lo que repercute directamente en el crecimiento de suscriptores. Incorporar lo más destacado de la sesión de preguntas y respuestas a los vídeos editados puede ampliar el alcance de debates valiosos más allá de la audiencia en directo, ofreciendo contenido que resuene entre los espectadores que puedan haberse perdido el evento. Al tratar las sesiones de preguntas y respuestas en directo no como meros eventos independientes, sino como componentes integrales de una estrategia de contenidos más amplia, los creadores pueden maximizar su impacto y profundizar en la conexión con su audiencia, impulsando en última instancia un mayor crecimiento en su trayectoria en YouTube.

XII. PROMOCIONAR TUS VÍDEOS

Atraer a espectadores potenciales a menudo requiere un enfoque de marketing polifacético que trascienda la mera subida de contenidos a YouTube. Una estrategia eficaz es aprovechar las plataformas de las redes sociales para ampliar el alcance y dirigir el tráfico al contenido de vídeo. Compartiendo teasers, clips entre bastidores o incluso imágenes promocionales en plataformas como Instagram, Twitter y TikTok, los creadores pueden despertar el interés y fomentar la participación entre plataformas. Adaptar el mensaje al público objetivo de cada plataforma ayuda a consolidar la identidad de marca de los creadores, a la vez que fomenta el sentido de comunidad. Utilizar herramientas analíticas para identificar las horas de mayor participación puede mejorar la sincronización de estas publicaciones, garantizando que el contenido llegue a su audiencia cuando ésta es más activa. Establecer una sólida presencia online que resuene con la audiencia no sólo atraerá a nuevos espectadores, sino que también creará seguidores fieles que esperen con impaciencia futuras subidas.

La colaboración con otros creadores de contenidos destaca como una técnica poderosa para ampliar el alcance y la exposición de un vídeo. Formar asociaciones con creadores que comparten una audiencia similar permite un intercambio mutuamente beneficioso que puede atraer nuevos suscriptores a ambos canales. Los proyectos conjuntos, las retransmisiones en directo o las apariciones como invitados pueden presentar a los creadores al público del otro de forma auténtica, aprovechando sus respectivos puntos fuertes y sus voces únicas. Los contenidos creados conjuntamente suelen aprovechar diversas perspectivas e ideas creativas, lo que da lugar a vídeos más ricos y atractivos. Ambos colaboradores deberían promocionar el contenido resultante en sus canales, animando a sus seguidores a explorar y suscribirse al trabajo del otro. Esto no sólo crea un sentimiento de camaradería dentro de la comunidad de creadores, sino que también aumenta la visibilidad de ambas partes, contribuyendo a un crecimiento sostenido del número de suscriptores. La coherencia y la planificación estratégica son fundamentales para el éxito de la promoción de vídeos, ya que establecen una rutina en la que los espectadores confían. El desarrollo de un calendario de contenidos puede agilizar el proceso de producción, al tiempo que garantiza un flujo constante de subidas que se adhiere a un calendario regularmente espaciado. Los espectadores aprecian la previsibilidad, ya que fomenta la expectación por los próximos vídeos y les anima a volver. Una vez establecido el calendario, es crucial interactuar con la audiencia mediante comentarios y publicaciones de la comunidad, creando un diálogo que fomente la fidelidad de los espectadores. Participar con estos comentarios no sólo fomenta una conexión más profunda con los suscriptores, sino que también permite a los creadores adaptar su contenido en función de las preferencias y tendencias de los espectadores. Con el tiempo, este compromiso con la coherencia y la participación de la audiencia cultiva un ecosistema de canal dinámico que apoya el crecimiento continuo y fomenta una vibrante comunidad de suscriptores.

ESTRATEGIAS DE MARKETING EN REDES SOCIALES

Un enfoque eficaz para aumentar la visibilidad en YouTube implica aprovechar varias plataformas de medios sociales para crear una estrategia de marketing cohesiva. Promocionando el contenido de vídeo en plataformas como Instagram, Facebook y Twitter, los creadores pueden llegar a públicos diversos y atraer tráfico a su canal de YouTube. Interactuar con los seguidores mediante publicaciones periódicas, historias y sesiones en directo amplía el conocimiento de la marca y fomenta la participación de la comunidad. Esta interconexión no sólo amplifica la presencia del canal de YouTube, sino que también crea oportunidades para colaboraciones y promociones cruzadas con otros creadores de contenidos. Al desarrollar contenido a medida que resuene con los datos demográficos específicos de los usuarios de las distintas plataformas, los profesionales del marketing pueden cultivar una base de seguidores fieles que traduzca la audiencia en suscripciones e interacciones en YouTube. Para maximizar la eficacia de las estrategias de marketing en las redes sociales, hay que hacer hincapié en la coherencia y la frecuencia de las publicaciones. Establecer un calendario regular ayuda a crear expectación entre el público; es más probable que los seguidores se mantengan comprometidos cuando saben cuándo esperar nuevos contenidos. Utilizar las herramientas de análisis disponibles en varias plataformas de redes sociales puede proporcionar información muy valiosa sobre las preferencias de la audiencia, las horas óptimas de publicación y los temas de tendencia. Los creadores deben elaborar mensajes que animen a compartir e interactuar, empleando técnicas de llamada a la acción que resuenen con las culturas únicas de cada plataforma. Este tipo de estrategia deliberada no sólo fomenta la participación, sino que también aumenta el potencial de crecimiento orgánico a través de las plataformas, influyendo directamente en la visibilidad y el alcance del propio canal de YouTube. La adaptabilidad es fundamental en el cambiante panorama del marketing en las redes sociales. Dado que las plataformas actualizan con frecuencia sus algoritmos y funciones, los creadores de contenidos deben permanecer atentos y responder a estos cambios. Mantenerse informado sobre las tendencias emergentes o las nuevas funcionalidades permite a los profesionales del marketing pivotar sus estrategias con eficacia, asegurándose de que aprovechan las oportunidades para aumentar la participación. Experimentar con diversos formatos de contenido, como encuestas, retos o incluso vistas entre bastidores, mantiene al público intrigado e involucrado en la marca. Al adoptar una mentalidad de aprendizaje y ajuste continuos, los creadores de YouTube pueden perfeccionar sus tácticas de marketing en redes sociales, guiando en última instancia su viaje desde la oscuridad inicial hasta el reconocimiento general y el aumento de suscriptores. Este enfoque dinámico no sólo mejora la retención de la audiencia, sino que también establece una base sólida para el éxito sostenido en los esfuerzos de marketing digital.

COLABORACIONES CON OTROS CREADORES
La conexión con otros creadores de contenidos abre numerosas vías de crecimiento e innovación en plataformas como YouTube. Al colaborar con otros, los creadores se dirigen a públicos diversos, ampliando su alcance de forma eficaz y fomentando al mismo tiempo un sentimiento de comunidad. Este intercambio mutuo puede adoptar diversas formas, desde apariciones como

invitados en vídeos hasta proyectos conjuntos que reúnen estilos y perspectivas distintos. Estas colaboraciones a menudo vigorizan un canal, añadiendo energía e ideas frescas que pueden atraer a los suscriptores existentes y, al mismo tiempo, atraer a nuevos espectadores intrigados por la colaboración. Estas asociaciones pueden ayudar a los creadores a poner en común sus recursos, compartir conocimientos y cultivar relaciones que conduzcan a futuras oportunidades, consolidando sus posiciones dentro del ecosistema de la creación de contenidos.

El éxito de las colaboraciones depende de la sinergia entre los creadores, alineando sus visiones y valores para producir contenidos cohesivos y atractivos. Es esencial adoptar un enfoque reflexivo; los estilos desiguales pueden alienar al público en lugar de unirlo. Antes de colaborar, los creadores deben evaluar la calidad de los contenidos de cada uno, la participación de la audiencia y la marca en general para garantizar la compatibilidad. La planificación detallada es crucial, ya que establecer objetivos claros para la asociación puede mejorar la eficacia de los resultados finales. Esta alineación estratégica permite a los creadores definir su oferta única, ya sea humor, información o ejecución artística, garantizando así que la colaboración resuene cualitativamente con ambos públicos. Las críticas y los comentarios de cada comunidad de creadores pueden aportar ideas esenciales para perfeccionar los esfuerzos de colaboración en el futuro. La colaboración también es una poderosa herramienta de inspiración creativa, ya que despierta nuevas ideas que no habrían surgido de forma aislada. Interactuar con otros creadores expone a los individuos a diferentes técnicas, narrativas y estilos de producción, fomentando la experimentación y el crecimiento. Esta sinergia creativa puede dar lugar a formatos de contenido innovadores que cautiven al público de forma única, mejorando así la calidad general del canal. Los creadores de YouTube de éxito suelen compartir que sus mejores ideas suelen surgir de sesiones de brainstorming y debates colaborativos. El hecho de trabajar juntos fomenta un entorno de apoyo y ánimo, que puede ser muy valioso dados los retos inherentes a la creación de contenidos. Al participar en colaboraciones reflexivas, los creadores pueden amplificar significativamente su impacto, asegurando un crecimiento sostenido y relevancia en el panorama en constante evolución de los medios digitales.

OPCIONES DE PUBLICIDAD DE PAGO
Aprovechar las opciones de publicidad de pago es una forma estratégica de aumentar la visibilidad y acelerar el crecimiento en YouTube. Para los creadores que buscan ganar tracción rápidamente, plataformas como Google Ads ofrecen soluciones publicitarias específicas que pueden posicionar los vídeos frente a grupos demográficos, intereses o comportamientos concretos. Estos anuncios de pago pueden manifestarse en varios formatos, incluidos los anuncios in-stream que se reproducen antes de los vídeos populares, los anuncios display que aparecen junto al contenido del vídeo y los anuncios superpuestos que proporcionan una indicación más sutil a los espectadores. La ventaja de estas opciones reside en la posibilidad de ajustar las campañas en función de las métricas de rendimiento, garantizando que el contenido llegue a la audiencia ideal. Este enfoque basado en datos no sólo aumenta la notoriedad de la marca, sino que también impulsa el compromiso de los usuarios, incitando a los espectadores a suscribirse y participar en el canal.

Otra vía potente para la publicidad de pago son las asociaciones con personas influyentes. Colaborar con YouTubers establecidos o con personas influyentes en las redes sociales puede amplificar eficazmente el alcance y la credibilidad. Al asociarte con creadores cuya audiencia coincide con tu grupo demográfico objetivo, el potencial para convertir espectadores en suscriptores aumenta significativamente.

Estas colaboraciones a menudo implican contenido patrocinado en el que el influencer promociona tu canal o vídeos específicos entre su audiencia existente. Esta forma de publicidad puede aprovechar la confianza que los influencers han creado con sus espectadores, lo que se traduce directamente en una mayor visibilidad de tu marca. Esta estrategia puede ofrecer información sobre el comportamiento y las preferencias de la audiencia, permitiéndote refinar tu enfoque de contenidos y optimizar futuras inversiones publicitarias.

Utilizar campañas de retargeting puede crear un atractivo ciclo de compromiso y crecimiento de suscriptores.

El retargeting consiste en dirigirse a los usuarios que han interactuado previamente con tus vídeos o canal, recordándoles tu contenido y animándoles a volver. Esta técnica puede ser especialmente eficaz, ya que se centra en un público que ya está familiarizado con tu marca, lo que aumenta la probabilidad de conversión. Implementar anuncios de retargeting en plataformas como YouTube y a través de las redes sociales puede facilitar una visibilidad continua, reforzando el interés del espectador y provocando acciones como suscripciones o vídeos compartidos. Con un análisis cuidadoso y una implementación estratégica, estas opciones de publicidad de pago se convierten en herramientas esenciales de un plan de marketing integral, mejorando la capacidad de forjar un público fiel y maximizando el potencial de crecimiento de los canales.

XIII. ANÁLISIS DEL RENDIMIENTO DEL VÍDEO

Comprender las métricas de participación de la audiencia es fundamental para evaluar el rendimiento general del contenido de vídeo. Las métricas de participación, como el tiempo de visionado, los "me gusta", los comentarios y las comparticiones, proporcionan una visión completa de cómo interactúan los espectadores con el vídeo. Analizar estos elementos permite a los creadores discernir qué aspectos de su contenido resuenan más con su audiencia. Un aumento de los comentarios puede indicar que un tema concreto suscitó interés y fomentó el diálogo, mientras que un tiempo de visionado elevado significa que los espectadores quedaron lo suficientemente cautivados como para permanecer durante todo el vídeo. Al diseccionar estas interacciones, los creadores pueden obtener información sobre las preferencias de la audiencia y adaptar el contenido futuro en consecuencia, aumentando la probabilidad de un mayor compromiso y retención. No se puede subestimar el papel del algoritmo de YouTube en el panorama del análisis del rendimiento de los vídeos. Este complejo algoritmo determina la visibilidad del vídeo, utilizando los datos de comportamiento del usuario para influir en las recomendaciones. Los creadores que deseen optimizar su rendimiento deben tener en cuenta no sólo el rendimiento independiente de sus vídeos, sino también cómo encajan en tendencias más amplias y en el comportamiento de los espectadores en la plataforma. Los factores clave incluyen el uso de palabras clave relevantes en títulos y descripciones, diseños de miniaturas eficaces y publicaciones de contenido oportunas que se alineen con lo que el público busca activamente. Al sintetizar los datos de rendimiento con las perspectivas algorítmicas, los creadores pueden posicionar estratégicamente sus vídeos para maximizar el alcance y el impacto, garantizando que su contenido no sólo se vea, sino que también se aprecie en un mercado digital abarrotado. Revisar regularmente los análisis de rendimiento permite a los creadores mantenerse ágiles y adaptables en un panorama de plataformas en constante evolución. El entorno dinámico de YouTube exige que los creadores modifiquen sus estrategias en función de los datos en tiempo real y las tendencias emergentes. Métricas como el porcentaje de clics (CTR) en las miniaturas y el desglose demográfico de los espectadores pueden revelar información crucial sobre lo que funciona y lo que no. Armados con esta información, los creadores pueden perfeccionar sus estrategias de contenido, ya sea experimentando con nuevos formatos, interactuando con los comentarios de forma más coherente o incorporando temas de tendencia. La capacidad de analizar el rendimiento y responder a él de forma eficaz coloca a los creadores en una posición no sólo para sobrevivir, sino para prosperar en medio de los desafíos, lo que en última instancia conduce a un crecimiento sostenido del número de suscriptores y de la fidelidad de los espectadores. Este enfoque iterativo de la creación y el análisis de contenidos garantiza una conexión más fuerte con el público, a la vez que fomenta una trayectoria de éxito en YouTube.

USO DE YOUTUBE ANALYTICS
Comprender el comportamiento y la participación de la audiencia es primordial para cualquier creador de contenidos que pretenda alcanzar un éxito significativo en YouTube. YouTube

Analytics es una herramienta inestimable para supervisar las preferencias de los espectadores, ya que ofrece información basada en datos sobre qué vídeos tienen más resonancia entre el público. Al examinar métricas como el tiempo de visionado, la duración media de las visualizaciones y las tasas de retención, los creadores pueden identificar tendencias y patrones que informan la estrategia de contenido. Si un vídeo en particular obtiene una participación inusualmente alta, el análisis de sus elementos -como el título, las miniaturas y el formato del contenido- puede revelar qué cautivó a los espectadores. Este enfoque estratégico no sólo mejora las producciones futuras, sino que también fomenta una mayor conexión con la audiencia y, en última instancia, nutre una base de suscriptores más leales. Los datos demográficos proporcionados por YouTube Analytics ofrecen a los creadores una comprensión esencial de la composición de su audiencia. La información sobre la ubicación geográfica, los grupos de edad y el sexo de los espectadores ofrece una visión matizada que puede adaptar el contenido a segmentos específicos. Si los análisis revelan que una parte considerable de la audiencia está compuesta por adolescentes, los creadores pueden modificar sus mensajes o referencias para adaptarlos a los intereses y la cultura de ese grupo demográfico. Estos ajustes específicos pueden aumentar significativamente la participación y el número de suscriptores, lo que refleja la importancia de adaptarse a los cambios de la audiencia. Un análisis coherente puede descubrir oportunidades de colaboración con otros creadores, ampliando el alcance y atrayendo a nuevos suscriptores de diferentes bases de espectadores. El papel de YouTube Analytics va más allá de la mera observación; se convierte en una estrategia proactiva en el viaje de crecimiento de un creador. La capacidad de rastrear el impacto de determinados cambios -como variar los tiempos de publicación o experimentar con distintos tipos de contenido- permite a los usuarios iterar y perfeccionar su enfoque continuamente. El uso de pruebas A/B para las miniaturas o los títulos puede aumentar el porcentaje de clics, mientras que el seguimiento de los suscriptores ganados o perdidos durante periodos específicos revela la eficacia de las reducciones de contenido o los esfuerzos de marketing. Este proceso iterativo, basado en la analítica, anima a los creadores a desarrollar un canal dinámico y receptivo. Aprovechar estas perspectivas analíticas no sólo ayuda a los creadores a visualizar su trayectoria de crecimiento, sino que les dota de los conocimientos necesarios para ejecutar estrategias informadas que impulsen el éxito a largo plazo en la plataforma.

MÉTRICAS CLAVE A SEGUIR

Fomentar la comprensión de la participación de la audiencia es fundamental para cualquier creador de YouTube que aspire a hacer crecer su canal. Métricas como el tiempo de visionado y la tasa de retención de la audiencia proporcionan información esencial sobre la resonancia del contenido entre los espectadores. El tiempo de visionado, o el total de minutos que los usuarios pasan viendo vídeos, es un indicador directo del rendimiento de un canal en el algoritmo de YouTube. Un tiempo de visionado elevado no sólo mejora la visibilidad en las búsquedas, sino que también sugiere que los espectadores encuentran el contenido lo suficientemente atractivo como para seguir participando. La retención de audiencia, por otra parte, mide el porcentaje de un vídeo que los espectadores ven de media. Mediante el seguimiento de esta métrica, los creadores pueden identificar los puntos específicos de sus vídeos en los que decae el interés, lo que permite ajustar el contenido con mayor precisión. Si hay una caída significativa después de un segmento concreto, puede indicar la necesidad de un montaje más ajustado o de técnicas narrativas más cautivadoras. Además de las métricas de participación, el análisis del crecimiento de suscriptores proporciona una imagen clara de la salud general de un canal y de su potencial de expansión. El seguimiento del ritmo al que se ganan o pierden suscriptores a lo largo del tiempo puede revelar tendencias que informen la estrategia de contenidos. Un pico de suscriptores, por ejemplo, puede correlacionarse con un vídeo específico o un cambio en la estrategia de contenidos, lo que sugiere enfoques eficaces que merece la pena repetir. Por el contrario, un descenso en el número de suscriptores puede servir como señal de advertencia crucial; los creadores podrían necesitar reconsiderar la relevancia de sus contenidos para su audiencia. Analizar el origen del aumento de suscriptores -con información sobre si los espectadores proceden de vídeos sugeridos, resultados de búsquedas o enlaces externos- puede ayudar a afinar los esfuerzos promocionales en varias plataformas, ampliando así el alcance y los esfuerzos de participación. Igualmente vital es controlar el rendimiento de los vídeos individuales a través de métricas clave como "me gusta", "comentarios" y "compartir". Estos indicadores no sólo sirven para afirmar la calidad del contenido y la satisfacción del espectador, sino que también desempeñan un papel importante en la promoción de los vídeos dentro del ecosistema de YouTube. Un vídeo que obtiene altos índices de participación generalmente indica al algoritmo que el contenido merece la pena, mejorando así sus posibilidades de ser recomendado a nuevos espectadores. La interacción en forma de comentarios puede proporcionar una retroalimentación directa, ofreciendo información valiosa sobre las preferencias de los espectadores y sus ideas sobre lo que les gustaría ver en el futuro. Al cultivar una sólida comprensión de estas métricas, los creadores pueden elaborar estrategias eficaces, promoviendo un crecimiento sostenido y una base de suscriptores leales, al tiempo que refinan continuamente su contenido para satisfacer las demandas cambiantes de su audiencia.

AJUSTAR LAS ESTRATEGIAS EN FUNCIÓN DE LOS DATOS

En el dinámico reino de YouTube, la capacidad de respuesta a los análisis es primordial. Las herramientas de análisis proporcionan una gran cantidad de información, como datos demográficos de los espectadores, tiempo de visionado y tasas de participación. Examinando meticulosamente estas métricas, los creadores pueden identificar patrones y preferencias entre sus audiencias. Si los datos indican que un determinado formato de vídeo obtiene mayores índices de retención, los productores pueden reproducir ese formato en futuros proyectos. Por el contrario, el contenido que no resuena puede ser reevaluado o adaptado para ajustarse mejor a los intereses de los espectadores. Ajustar las estrategias basándose en los datos no sólo mejora la relevancia del contenido, sino que también fomenta una conexión más profunda con la audiencia, garantizando que los creadores sigan siendo competitivos en un panorama en constante evolución.

Basándose en la información obtenida de los análisis, los creadores también deben adoptar un enfoque iterativo de su estrategia de contenidos. Esto implica probar continuamente nuevas ideas y formatos, midiendo su éxito mediante un análisis sistemático de los datos. Cada pieza de contenido es a la vez un esfuerzo artístico y un experimento científico, que ofrece información valiosa sobre lo que cautiva al público. Probar distintos diseños de miniaturas o títulos puede producir diferencias significativas en las tasas de clics. Al observar estas métricas y realizar ajustes con conocimiento de causa, los creadores pueden optimizar su proceso de producción para aumentar la participación de la audiencia. Este proceso fomenta la innovación al tiempo que perfecciona las estrategias eficaces, garantizando así que cada nuevo lanzamiento se base en los éxitos del anterior. Fomentar la adaptabilidad en respuesta a las tendencias cambiantes y a las opiniones de los espectadores es esencial para un crecimiento sostenido en YouTube. La propia plataforma experimenta a menudo cambios significativos, desde actualizaciones del algoritmo hasta nuevas funciones. Los creadores de éxito permanecen atentos y preparados para modificar sus estrategias según sea necesario. Esta flexibilidad permite correcciones rápidas basadas en puntos de datos únicos, como cambios bruscos en el comportamiento de la audiencia o la introducción de géneros de contenido emergentes. Interactuar con la audiencia a través de comentarios y publicaciones de la comunidad puede proporcionar datos cualitativos que orienten aún más el contenido. Una estrategia eficaz en YouTube depende no sólo de la planificación inicial, sino también del perfeccionamiento y la recalibración continuos de los enfoques en función de las perspectivas en tiempo real, lo que garantiza que los creadores puedan prosperar en medio del cambio continuo.

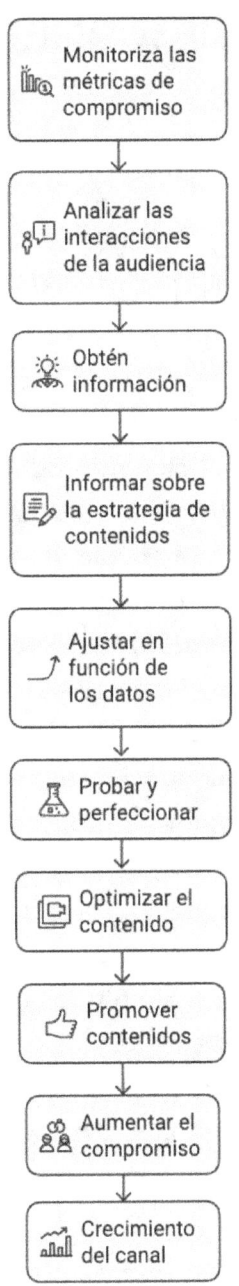

XIV. OPCIONES DE MONETIZACIÓN

A medida que los creadores de contenidos cultivan sus canales de YouTube, comprender las posibles fuentes de ingresos resulta crucial para lograr un crecimiento sostenible. Los ingresos publicitarios establecidos a través del Programa de Socios de YouTube siguen siendo el principal método de monetización, que permite a los creadores ganar dinero con las visualizaciones de sus vídeos. El éxito de la monetización a menudo trasciende este método. Se anima a los creadores a explorar el marketing de afiliación, en el que promocionan productos o servicios y ganan una comisión por las ventas generadas a través de sus enlaces de referencia. Este enfoque encaja bien con muchos nichos de contenido, ya que permite a los creadores recomendar productos en los que creen de verdad, fomentando la autenticidad y la confianza de su audiencia. Diversificar las fuentes de ingresos, en este caso, puede aumentar la estabilidad financiera de un creador y reducir la dependencia de una única fuente. Más allá de los métodos tradicionales de monetización, la venta de merchandising ha surgido como una poderosa herramienta para que los creadores conecten con su audiencia al tiempo que generan ingresos. Desarrollar productos de marca no sólo incentiva a los fans a comprometerse con el creador a un nivel más profundo, sino que también mejora el valor de su marca personal. Los canales de éxito aprovechan plataformas como Teespring o Printful para producir productos personalizados que resuenen con su público, integrándose aún más en la vida de sus fans. Este enfoque no se basa únicamente en interacciones transaccionales, sino que crea un sentimiento de comunidad cuando los fans visten o utilizan con orgullo los productos de su creador favorito. Así, la intersección de la marca y el comercio electrónico puede aumentar significativamente los ingresos, al tiempo que profundiza la relación creador-espectador.

Los creadores de contenidos pueden aprovechar el lucrativo ámbito de los patrocinios y las colaboraciones con marcas para reforzar su estrategia de monetización. A medida que el marketing de marca se desplaza cada vez más hacia las colaboraciones con influencers, los YouTubers con audiencias consolidadas pueden conseguir acuerdos de patrocinio que les proporcionen una compensación económica sustancial. Seleccionando cuidadosamente las asociaciones que se alinean con sus contenidos y los valores de su audiencia, los creadores pueden mantener su autenticidad al tiempo que cosechan los beneficios de las colaboraciones con las marcas. Participar en asociaciones estratégicas no sólo aumenta el potencial de ingresos de un canal, sino que también abre vías para la promoción cruzada, exponiendo a los creadores a audiencias más amplias. Al diversificar las vías de monetización mediante ingresos publicitarios, merchandising y patrocinios, los creadores se posicionan para crecer en un panorama digital cada vez más competitivo, garantizando su relevancia y éxito financiero continuos.

PROGRAMA DE SOCIOS DE YOUTUBE
Para acceder a toda la gama de oportunidades de monetización de la plataforma, los creadores deben navegar con cuidado por los requisitos previos del programa. El Programa de Socios de YouTube (YPP) exige que los canales cumplan unos criterios de elegibilidad específicos, que incluyen acumular al menos 1.000 suscriptores y alcanzar las 4.000 horas de visionado en los últi-

mos doce meses. Estos requisitos están diseñados para garantizar que sólo los creadores de contenidos dedicados que puedan atraer realmente al público puedan monetizar su contenido. Como resultado, los aspirantes a YouTubers deben centrarse no sólo en la cantidad, sino también en la calidad de su contenido, ya que los vídeos cautivadores tienden a mantener a los espectadores enganchados durante más tiempo, lo que contribuye directamente a alcanzar estos hitos. Este paso esencial subraya la correlación entre la retención de la audiencia y la posible monetización, haciendo hincapié en la importancia de la planificación y ejecución estratégicas de los contenidos.

Una vez que los creadores desbloquean el Programa de Socios de YouTube, tienen a su disposición un mundo de opciones de monetización, incluidos los ingresos por publicidad, las afiliaciones a canales y la integración en estanterías de productos. Los ingresos publicitarios, que proceden de mostrar anuncios antes, durante o después de los vídeos, contribuyen significativamente a los ingresos de los creadores; sin embargo, es fundamental comprender que la cantidad ganada puede variar en función de varios factores, como los datos demográficos de los espectadores y los índices de participación. Las afiliaciones a canales permiten a los seguidores fieles apoyar directamente a los creadores a cambio de ventajas exclusivas, fomentando una comunidad más unida y alentando un compromiso sostenido. Al diversificar las fuentes de ingresos, los creadores pueden establecer una base financiera más estable para su canal, minimizando la dependencia de una única fuente de ingresos. Este enfoque polifacético de la monetización no sólo mejora el bienestar económico de los creadores, sino que también refuerza su relación con la audiencia. La participación en el Programa de

Socios de YouTube abre las puertas a valiosos recursos analíticos y de apoyo, que permiten a los creadores optimizar sus estrategias de forma eficaz. Los creadores pueden acceder a información sobre la demografía de los espectadores, los índices de participación y las fuentes de tráfico, lo que les permite perfeccionar su contenido para que resuene mejor con su público objetivo. Armados con estos datos, los creadores pueden identificar tendencias, adaptar sus estrategias de contenido y aprovechar las tácticas de éxito del marketing de influencers. Los miembros del YPP suelen recibir asistencia prioritaria de YouTube, que puede ser esencial para superar los retos o comprender los cambios de política. Esta combinación de análisis de datos y asistencia personalizada mejora en última instancia la capacidad de los creadores para adaptarse a los cambios de la plataforma y seguir produciendo contenidos relevantes y atractivos, factores cruciales para el éxito a largo plazo en un panorama digital dinámico.

PATROCINIOS Y ACUERDOS CON MARCAS
Construir un canal de YouTube de éxito a menudo culmina en la búsqueda de patrocinios y acuerdos con marcas, que pueden mejorar significativamente tanto la credibilidad como la rentabilidad de la plataforma de un creador. Estas asociaciones suelen surgir cuando las marcas identifican una sinergia entre sus valores y la participación de la audiencia de los creadores. La alineación estratégica permite a ambas partes beneficiarse de una visibilidad compartida: las marcas pueden aprovechar la base de seguidores leales de los creadores, mientras que éstos pueden obtener apoyo financiero y acceso a productos que resuenen con su contenido. Un patrocinio bien ejecutado no sólo

refuerza los ingresos de los creadores, sino que también aporta una capa añadida de autenticidad al contenido, siempre que la colaboración resulte genuina y enriquezca la experiencia del espectador. Navegar por el panorama de los patrocinios exige una cuidadosa consideración y profesionalidad. Los creadores deben dar prioridad a la transparencia y la autenticidad al asociarse con las marcas; no hacerlo puede alejar a los espectadores que valoran la confianza y la conexión con sus creadores de contenidos favoritos. Establecer unas condiciones claras y comunicarse abiertamente con los posibles patrocinadores sobre los datos demográficos de la audiencia, las métricas de participación y el estilo del contenido puede fomentar una relación mutuamente beneficiosa. Rechazar ofertas que no se ajusten a la marca personal o a los intereses de la audiencia es crucial para mantener la integridad. Este enfoque perspicaz ayuda a cultivar asociaciones a largo plazo que añaden valor al canal, en lugar de acuerdos efímeros que podrían comprometer la credibilidad. Los patrocinios exitosos pueden servir como un importante catalizador para el crecimiento, abriendo las puertas a una mayor visibilidad y a nuevas colaboraciones de marca. A medida que los creadores colaboran con marcas que resuenan con su audiencia, no sólo diversifican sus fuentes de ingresos, sino que también enriquecen su contenido mediante productos o servicios únicos integrados perfectamente en sus vídeos. Aprovechar las herramientas de análisis para evaluar la recepción del contenido patrocinado por parte de la audiencia puede proporcionar información valiosa para futuras asociaciones y desarrollo de contenidos. Así pues, los creadores deben ver los patrocinios no sólo como acuerdos financieros, sino como componentes integrales de su estrategia de crecimiento, que refuerzan su identidad de marca al tiempo que mejoran la participación y la satisfacción de los espectadores.

MERCHANDISING Y MARKETING DE AFILIACIÓN

Crear una estrategia de merchandising eficaz es fundamental para los creadores de YouTube que quieran ampliar sus fuentes de ingresos. Si se aprovecha correctamente, el merchandising se convierte en una extensión tangible de la marca de un creador, lo que permite a los seguidores conectar a un nivel más profundo. Los YouTubers de éxito suelen diseñar productos que resuenan directamente con su audiencia, ya sea ropa con eslóganes, ilustraciones personalizadas o accesorios temáticos. La clave está en comprender las preferencias del público y apostar por la calidad frente a la cantidad. Mostrando la mercancía de forma entretenida y atractiva, por ejemplo mediante vídeos de "unboxing" o fragmentos entre bastidores, los creadores pueden fomentar un sentimiento de exclusividad y comunidad en torno a su marca. Esta integración no sólo fomenta la fidelidad entre los seguidores existentes, sino que también atrae a nuevos espectadores, aumentando tanto el número de suscriptores como las ventas potenciales.

Paralelamente al merchandising, el marketing de afiliación es otra potente estrategia para los creadores que buscan monetizar sus plataformas. Este enfoque consiste en promocionar productos o servicios entre su audiencia, generando ingresos basados en comisiones por las ventas realizadas a través de enlaces compartidos o códigos promocionales únicos. El éxito del marketing de afiliación exige autenticidad; es más probable que los seguidores realicen compras si creen en la sinceridad de los creadores con respecto a los productos. Seleccionando asociaciones de afiliación que se alineen con su contenido y sus valores, los creadores pueden mantener su imagen a la vez que diversifican sus ingresos. Un YouTuber de belleza puede colaborar con marcas de cuidado de la piel, mientras que un canal de juegos puede promocionar periféricos de juegos. Proporcionar reseñas de productos completas y honestas junto con enlaces de afiliación no sólo permite a los espectadores tomar decisiones informadas, sino que también refuerza el papel del creador como fuente de confianza en su nicho. Participar tanto en el merchandising como en el marketing de afiliación requiere una comprensión astuta del comportamiento y las preferencias de la audiencia. Los creadores deben permanecer atentos a los cambios de intereses, a las posibles tendencias del mercado y a la evolución del panorama de las preferencias de los consumidores. Esta fluidez exige una interacción continua con el público a través de comentarios, encuestas y participación en las redes sociales para evaluar sus gustos cambiantes. Siendo receptivos a los comentarios y estando dispuestos a adaptar sus ofertas, los creadores pueden garantizar una relevancia constante que impulse las ventas y el crecimiento de suscriptores. Un uso eficaz de las herramientas de análisis puede proporcionar información sobre qué productos resuenan más en los diferentes segmentos de la audiencia, lo que permite estrategias de marketing a medida. La fusión de estas dos estrategias no sólo aumenta los ingresos, sino que también cultiva una base de suscriptores leales deseosos de apoyar una marca con la que se sienten conectados.

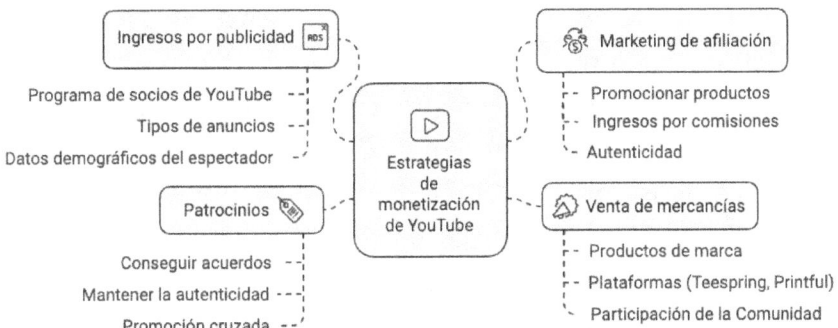

XV. CONSTRUIR UNA COMUNIDAD

Fomentar un sentimiento de pertenencia es esencial para cualquier creador de YouTube que pretenda construir una comunidad sólida en torno a su canal. Cuando los espectadores se sienten conectados, es más probable que interactúen con el contenido, lo compartan y vuelvan a por más. Los creadores pueden cultivar esta conexión interactuando activamente con su audiencia a través de comentarios, chats en directo y plataformas de medios sociales. Fomentar la participación de los espectadores haciéndoles preguntas, invitándoles a dar su opinión e incluso publicando contenidos generados por los usuarios no sólo aumenta su fidelidad, sino que también crea un diálogo abierto que enriquece la experiencia de la comunidad. Este compromiso transforma a los espectadores pasivos en participantes activos, profundizando así su inversión en el contenido y en su creador. Establecer la confianza desempeña un papel fundamental en el proceso de creación de comunidades. La autenticidad es crucial; los creadores que comparten sus viajes personales, sus éxitos e incluso sus fracasos son más cercanos a su público. Al ser transparentes sobre sus experiencias, los creadores invitan a los espectadores a entrar en su mundo, fomentando una atmósfera de respeto y comprensión mutuos. Esta confianza se refuerza aún más con la calidad y la programación coherentes de los contenidos. Cuando los espectadores saben que pueden esperar contenidos fiables y valiosos, desarrollan una sensación de seguridad que refuerza su lealtad. De este modo, la confianza se convierte en la piedra angular de una comunidad sana de YouTube, permitiéndole florecer orgánicamente a medida que los suscriptores se sienten apoyados y apreciados. El impacto de una comunidad próspera va más allá de los creadores individuales y puede influir significativamente en la trayectoria de crecimiento de un canal. Cuando los miembros de una audiencia comprometida comparten contenidos en sus redes, actúan como embajadores de la marca, ampliando su alcance de forma orgánica. Las comunidades activas suelen estar más dispuestas a apoyar a sus creadores favoritos mediante suscripciones o compras de productos, mejorando los esfuerzos de monetización. Una comunidad fuerte puede aportar valiosas perspectivas e ideas para futuros contenidos, garantizando que los creadores ofrezcan constantemente material que resuene con los intereses de sus espectadores. Crear una comunidad no es sólo una estrategia de crecimiento; es un elemento fundamental que fomenta la sostenibilidad y el éxito a largo plazo en YouTube, permitiendo a los canales evolucionar junto con su audiencia.

CREAR UNA BASE DE FANS LEALES
Cultivar una base de seguidores leales requiere algo más que producir contenidos de alta calidad; requiere que los creadores se comprometan de forma significativa con su audiencia. Se puede establecer una conexión genuina mediante una interacción constante, ya sea respondiendo a los comentarios, organizando sesiones de preguntas y respuestas en directo o reconociendo las opiniones en futuros vídeos. Al fomentar el sentido de comunidad, los creadores transforman a los espectadores pasivos en participantes activos, haciéndoles sentir valorados y parte integrante del crecimiento del canal. Este enfoque de creación de comunidad aumenta la lealtad de los espectadores, ya que es más probable que los fans se queden y defiendan a

un creador cuando sienten una conexión personal. Compartir anécdotas o experiencias personales puede crear contenido relacionado que resuene profundamente en la audiencia, consolidando aún más la lealtad y animando a los suscriptores a participar activamente en los debates. Establecer una identidad de marca única también puede reforzar significativamente la capacidad de un creador para cultivar un público devoto. Una marca eficaz va más allá de los elementos visuales; encapsula los valores, la personalidad y el estilo narrativo del creador, diferenciándolo así en un mercado saturado. Esta identidad debe impregnar todo el contenido, creando una experiencia cohesiva que permita a los espectadores reconocer y distinguir fácilmente el canal. La aplicación de temas, eslóganes o elementos visuales coherentes no sólo mejora el recuerdo, sino que refuerza la conexión entre el creador y su audiencia. Elaborar estrategias de marca basadas en los datos demográficos de la audiencia garantiza que el contenido se dirija directamente a sus intereses y preferencias. Una marca auténtica fomenta la confianza, animando a los espectadores a permanecer fieles y a reclutar a otros para el canal, ampliando así aún más la base de seguidores. El camino para crear una base de seguidores leales requiere una adaptación y una capacidad de respuesta continuas a las tendencias de los espectadores y a la dinámica de la plataforma. Estar en sintonía con los comentarios y los análisis puede proporcionar información sobre qué resuena y qué áreas necesitan mejoras. Los creadores deben utilizar la analítica de datos para analizar los índices de retención de espectadores, los temas de contenido más populares y los perfiles demográficos de los espectadores, lo que permite realizar ajustes informados en la estrategia de contenidos. Adoptar nuevas tendencias o formatos, ya sea mediante colaboraciones o aprovechando oportunidades multiplataforma, puede ampliar el alcance y la participación. Un enfoque adaptable garantiza que el canal siga siendo relevante y continúe fomentando el entusiasmo entre los abonados, transformando eficazmente la audiencia fugaz en fidelidad sostenida. Al comprometerse con su audiencia, desarrollar una marca distintiva y adaptarse a los cambios, los creadores pueden crear una comunidad devota que crezca orgánicamente con el tiempo.

INTERACTUAR CON LOS FANS FUERA DE LA PLATAFORMA

Establecer conexiones con los seguidores fuera de YouTube desempeña un papel fundamental en el éxito a largo plazo de un creador. Involucrar al público a través de diversas plataformas de medios sociales como Instagram, Twitter y TikTok permite a los creadores mostrar su personalidad más allá de los límites del contenido de vídeo. Estas plataformas sirven como lugares para interacciones espontáneas, donde los fans pueden comunicarse directamente con los creadores, fomentando un sentimiento de comunidad. Al publicar contenido entre bastidores, historias personales o responder a las preguntas de los fans, los creadores pueden profundizar su relación con los espectadores, asegurándose de que se sientan vistos y valorados. Esta conexión cargada de emoción puede traducirse en una mayor lealtad y un mayor compromiso, animando a los fans a convertirse en participantes más activos en el viaje de los creadores. Diversificar el contenido en varias plataformas también tiene un propósito estratégico. Cada canal de las redes sociales tiene su propio público, y adaptar el contenido para que se ajuste a estos variados grupos demográficos permite a los creadores llegar a un espectro más amplio de posibles seguidores. Los videoclips breves y atractivos en plataformas como TikTok pueden cautivar a un público más joven, mientras que los análisis y debates detallados pueden prosperar en plataformas como Twitter. Al comprender los matices de cada plataforma, los creadores pueden optimizar sus mensajes y la entrega de contenidos, lo que en última instancia conduce el tráfico de vuelta a su canal de YouTube. Este enfoque no sólo aumenta la visibilidad, sino que también crea oportunidades para la promoción cruzada, en la que los creadores pueden enlazar a sus vídeos de YouTube en sus publicaciones, canalizando eficazmente a su audiencia fuera de la plataforma hacia su centro de contenido principal. La capacidad de interactuar con los seguidores fuera de la plataforma no consiste únicamente en promocionar contenidos, sino en cultivar una marca que resuene a nivel personal. Los creadores deben centrarse en la autenticidad, ya que los fans buscan cada vez más conexiones genuinas con aquellos a los que apoyan. Utilizar herramientas como boletines o clubes de fans puede facilitar conexiones más profundas y crear una sensación de exclusividad, haciendo que los fans se sientan parte de un círculo íntimo. Organizar eventos -ya sean reuniones virtuales, sesiones de preguntas y respuestas o retransmisiones en directo- puede mejorar aún más esta relación, permitiendo a los creadores interactuar con los fans en tiempo real. Al invertir en estas relaciones fuera de YouTube, los creadores pueden crear una base de seguidores entregados y entusiastas que no sólo consuman su contenido, sino que defiendan activamente su trabajo en plataformas y comunidades.

ORGANIZAR ACTOS Y REUNIONES

La creación de redes desempeña un papel fundamental en la trayectoria de un creador de YouTube, y organizar eventos y reuniones representa una oportunidad única para cultivar esas conexiones. Relacionarse con otros creadores, profesionales del sector y ávidos espectadores en directo puede fomentar la colaboración y mejorar significativamente la visibilidad de un creador. Estas reuniones sirven de plataforma para compartir ideas, experiencias y buenas prácticas, que en última instancia pueden conducir a asociaciones fructíferas. Las interacciones en persona permiten un auténtico intercambio de ideas, cultivando un sentido de comunidad que a menudo se pierde en el ámbito digital. Al organizar eventos, los creadores no sólo elevan sus propias marcas personales, sino que también contribuyen a un ecosistema más amplio en el que pueden florecer el conocimiento y la creatividad, promoviendo el crecimiento de todos los participantes implicados.

Estas reuniones pueden diseñarse estratégicamente para atender a nichos o temas específicos, alineándose estrechamente con el contenido de un creador. Seleccionando cuidadosamente a los ponentes o panelistas invitados que resuenen con su público, los creadores pueden mejorar su identidad de marca al tiempo que proporcionan un valor significativo a los asistentes. Los talleres o las sesiones de preguntas y respuestas pueden fomentar la participación del público, creando experiencias memorables que perduren mucho después de que concluya el evento. Este nivel de participación puede ayudar a consolidar el estatus del creador como autoridad en su campo, atrayendo aún más espectadores y suscriptores. Estos eventos pueden grabarse y compartirse en varias plataformas, maximizando la exposición y ampliando aún más el alcance de los creadores. En consecuencia, las ventajas multidimensionales de organizar eventos ofrecen una vía práctica para mejorar la reputación y el número de suscriptores de un creador en un mercado cada vez más saturado. La logística de la organización de eventos puede parecer desalentadora, pero una planificación cuidadosa puede dar lugar a enormes recompensas. Desde la selección de un lugar adecuado hasta la gestión de la venta de entradas y las promociones, cada aspecto debe considerarse meticulosamente para garantizar un resultado satisfactorio. Colaborar con empresas locales, conseguir patrocinios o aprovechar las plataformas online puede mitigar los costes y mejorar la experiencia de los asistentes. Utilizar las redes sociales y las comunidades online para la promoción puede ayudar a los creadores a llegar a un público más amplio, más allá de su actual base de suscriptores. Y lo que es más importante, el seguimiento posterior al evento es crucial: compartir el contenido del evento y expresar gratitud a los participantes puede fortalecer aún más las relaciones y mantener el compromiso mucho después de la reunión. Organizar eventos y reuniones no sólo enriquece el viaje de los creadores, sino que también sienta las bases para un crecimiento sostenido, ayudando en última instancia a pasar de ser un principiante con cero suscriptores a una figura reconocida con millones.

XVI. MANTENER LA COHERENCIA

El compromiso con un calendario regular de publicaciones es esencial para cultivar un canal de YouTube sostenible. Las audiencias prosperan con la anticipación; cuando los espectadores saben cuándo esperar nuevos contenidos, sus niveles de compromiso se disparan. Esta fiabilidad fomenta un sentimiento de comunidad e inversión entre los suscriptores, dándoles una razón para volver con regularidad e interactuar con cada nuevo vídeo. Mantener un calendario de publicación coherente exige una planificación cuidadosa y disciplina, ambas cruciales para gestionar la creación de contenidos y otras responsabilidades. Los creadores que emplean calendarios para delimitar los plazos de producción a menudo descubren que establecer objetivos claros y alcanzables les ayuda a mantenerse centrados y motivados. A medida que se acerca la fecha límite de publicación, esta estructura puede mitigar la posibilidad de agotamiento, permitiendo a los creadores producir contenidos de calidad al tiempo que mantienen sus medios de vida personales.

Los algoritmos que rigen el sistema de recomendaciones de YouTube recompensan la constancia, convirtiéndola en un componente esencial del éxito a largo plazo. Las subidas regulares indican al algoritmo que un canal está activo y merece ser promocionado, exponiendo potencialmente el contenido a un público más amplio. Esto crea una relación simbiótica en la que los creadores se benefician de un mayor alcance, y los espectadores reciben contenidos frescos con mayor frecuencia. La mera frecuencia no es suficiente; cada vídeo debe mantener los estándares de calidad para conservar la audiencia. A medida que los espectadores desarrollan una relación con el estilo y el mensaje de un creador, cualquier desviación de esta norma establecida puede provocar la desconexión. Por tanto, el equilibrio entre frecuencia y calidad es primordial. Manteniendo la coherencia sin sacrificar la integridad del contenido, los creadores pueden navegar por la compleja dinámica de las expectativas de la audiencia y las preferencias algorítmicas, prosperando en un mercado cada vez más saturado.

La adaptabilidad en la búsqueda de la coherencia puede mejorar enormemente la capacidad de un creador para conectar con su audiencia. El panorama digital evoluciona constantemente, por lo que los creadores de contenidos deben ser flexibles en sus estrategias y enfoques. Aunque la coherencia es vital, no debe ir en detrimento de la innovación y la capacidad de respuesta a los intereses de los espectadores. El análisis periódico de las métricas de participación puede revelar cambios en las preferencias de los espectadores, y guiar a los creadores para que modifiquen su contenido de forma que resuene más profundamente. Esta adaptabilidad fomenta una mayor fidelidad de los espectadores, ya que los suscriptores aprecian la disposición de los creadores a tener en cuenta los comentarios y a experimentar con nuevos formatos o temas. Al armonizar un calendario de publicación coherente con un proceso creativo receptivo y ágil, los creadores de YouTube pueden establecer relaciones duraderas con los suscriptores, al tiempo que evolucionan continuamente para satisfacer las demandas de su audiencia. Esta interacción dinámica subraya la verdad general de que mantener la coherencia no es sólo una cuestión de frecuencia, sino también de relevancia y conexión.

IMPORTANCIA DE LAS SUBIDAS REGULARES

La coherencia en la creación de contenidos es esencial para cultivar una audiencia fiel en plataformas como YouTube. Cuando los espectadores saben qué esperar -y cuándo esperarlo- es más probable que vuelvan al canal con regularidad. Establecer un calendario claro de subidas no sólo ayuda a retener la atención de los espectadores, sino que también crea expectación entre los suscriptores. Este compromiso habitual se asemeja a un ritual, ya que los seguidores esperan nuevos contenidos en días concretos, lo que crea una conexión cada vez más profunda entre el creador y la audiencia. Las subidas regulares ayudan a consolidar esta relación, transformando a los espectadores ocasionales en devotos seguidores que se implican en el crecimiento y el éxito del canal, amplificando aún más las interacciones de la comunidad en la sección de comentarios, lo que a su vez puede conducir a una mayor visibilidad a través de los algoritmos de YouTube. Además de fomentar la fidelidad de la audiencia, las subidas constantes influyen significativamente en la visibilidad del canal, que es vital para el crecimiento. El algoritmo de YouTube favorece a los canales que ofrecen contenido con regularidad, impulsando activamente esos vídeos a un público más amplio. Al subir vídeos con frecuencia, los creadores aumentan sus posibilidades de aparecer en los feeds recomendados y en los resultados de las búsquedas, lo que en última instancia conduce a más visitas y suscriptores potenciales. Este ciclo de subir, ganar visibilidad y atraer a nuevos usuarios se alimenta a sí mismo, creando un impulso que puede catapultar a un canal de la oscuridad a la prominencia. La creación regular de contenidos permite a los creadores experimentar con distintos formatos y temas, recibiendo valiosos comentarios de los espectadores, que pueden orientar futuras estrategias de contenidos. Este proceso iterativo significa que los creadores pueden refinar su enfoque basándose en las preferencias de la audiencia, haciendo que las subidas no sean sólo una estrategia de retención, sino también una herramienta de mejora continua. Las ventajas de mantener un programa regular de subidas van más allá de la mera captación de audiencia y la visibilidad; también ofrecen oportunidades para el desarrollo de habilidades y la exploración creativa. A medida que los creadores se comprometen con una rutina constante, aumentan su familiaridad con los aspectos técnicos de la producción de vídeo, incluidos los procesos de filmación, edición y postproducción. Esta práctica regular no sólo mejora la calidad del contenido que se produce, sino que también fomenta la innovación creativa, ya que los creadores pueden sentirse más liberados para experimentar con nuevas ideas y formatos. La disciplina desarrollada a través de la creación constante de contenidos fomenta una mentalidad de crecimiento, ya que los creadores aprenden a superar los retos relacionados con la producción y la recepción de la audiencia con mayor eficacia. Con el tiempo, esta dedicación no sólo se traduce en un producto final más pulido, sino que también contribuye a la identidad y credibilidad generales del canal de YouTube, estableciéndolo como una fuente fiable de entretenimiento o información en la que el público puede confiar.

CREAR UN HORARIO SOSTENIBLE
Establecer un canal de YouTube de éxito comienza con un horario bien estructurado que equilibre la creación de contenidos, la participación de la audiencia y el bienestar personal. Los

creadores de contenidos deben asignar franjas horarias específicas para grabar, editar y subir vídeos, garantizando un ritmo en el que los miembros de la audiencia puedan confiar. Esta regularidad no sólo ayuda a mantener el interés de los espectadores, sino que también se alinea con el algoritmo de YouTube, que favorece a los canales que publican de forma constante. Una programación sostenible incorpora tiempo para sesiones de feedback en las que los creadores pueden evaluar las reacciones de los espectadores y las métricas de participación. Dedicando horas semanales a este análisis, los creadores pueden perfeccionar su enfoque, garantizando que el contenido futuro siga siendo relevante y atractivo. Así pues, un horario estratégicamente planificado es crucial para mantener el crecimiento de la audiencia y la salud mental de los creadores, ya que evitar el agotamiento es esencial para el éxito a largo plazo. Incorporar flexibilidad al horario de un creador puede mejorar la productividad general sin sacrificar la calidad. Aunque la coherencia en la publicación es vital, la naturaleza dinámica de las tendencias en plataformas como YouTube requiere adaptabilidad. Los creadores deben tener un calendario de contenidos básico, pero también dejar espacio para ideas espontáneas de vídeos que puedan surgir de acontecimientos actuales o tendencias virales. Este doble enfoque permite tanto el crecimiento estructurado como la fluidez necesaria para responder a los intereses de la audiencia a medida que evolucionan. Debe dedicarse tiempo a proyectos de colaboración y a compartir conocimientos con otros creadores, lo que puede introducir nuevas perspectivas y ampliar la audiencia. Creando un horario que apoye tanto la estabilidad como la espontaneidad, los creadores de contenidos no sólo pueden cultivar una audiencia fiel, sino también fomentar un entorno creativo que celebre la innovación. Dar prioridad al tiempo personal y al autocuidado dentro de un calendario de creación de contenidos es fundamental para mantener la integridad y la pasión artísticas. Los creadores suelen subestimar el peaje que la producción continua de contenidos puede suponer para su salud mental y emocional. Programar intervalos regulares para el descanso, el ocio y las actividades no relacionadas con el canal fomenta un equilibrio más saludable entre la vida laboral y personal y rejuvenece las energías creativas. Esta práctica no sólo evita el agotamiento, sino que también mejora la calidad de los contenidos producidos, ya que los creadores descansados son más propensos a generar ideas frescas y narraciones atractivas. Un horario sostenible debe reflejar un enfoque holístico de la vida como creador de contenidos, armonizando las exigencias de la plataforma de YouTube con el crecimiento personal y la resistencia de los creadores. Si tratan su horario como una herramienta para la productividad y como un marco para el bienestar, los creadores pueden superar los retos del panorama de YouTube y prosperar como personas.

EQUILIBRAR CALIDAD Y CANTIDAD
En el competitivo panorama de YouTube, la delicada interacción entre calidad y cantidad determina en gran medida la trayectoria de un creador de contenidos. Aunque el impulso inicial puede ser inundar la plataforma con un aluvión de vídeos, un enfoque más estratégico suele dar mejores resultados a largo plazo. El contenido elaborado meticulosamente tiende a atraer a los espectadores de forma más eficaz, fomentando una co-

munidad leal que valora la voz y la perspectiva únicas del creador. Esta resonancia, sin embargo, debe equilibrarse con un programa de subidas coherente; la participación frecuente es esencial para mantener la visibilidad dentro de los confines algorítmicos de YouTube. Los creadores deben sortear esta encrucijada dando prioridad a los contenidos impactantes, al tiempo que se adhieren a una frecuencia de publicación realista que mantenga a su audiencia interesada sin comprometer su integridad creativa. El algoritmo de YouTube recompensa las subidas regulares, lo que obliga a los creadores a encontrar formas innovadoras de mantener su producción de contenidos sin sacrificar la calidad. Una estrategia eficaz consiste en crear un calendario de contenidos que permita la producción por lotes, garantizando que se cubran diversos temas al tiempo que se mantiene una visión cohesiva. Al planificar con antelación, los creadores pueden asignar el tiempo adecuado para la investigación, el guión, la filmación y la edición, todos ellos elementos cruciales que contribuyen a un contenido de alta calidad. Una gestión inteligente del tiempo también permite a los creadores interactuar con su audiencia mediante comentarios y opiniones, añadiendo un toque personal que fomenta la comunidad. Esta interacción tiene un valor incalculable, ya que ayuda a calibrar las preferencias de los espectadores e inspira futuros contenidos, logrando un equilibrio armonioso entre la entrega de vídeos regulares y la garantía de que cada pieza cumpla un alto nivel de excelencia. El equilibrio entre calidad y cantidad se manifiesta como un viaje dinámico más que como un objetivo fijo, que requiere una evaluación y adaptación continuas. A medida que los creadores crecen y evolucionan, las métricas del éxito pueden cambiar, obligándoles a recalibrar sus estrategias. Las tendencias emergentes o los comentarios de los espectadores pueden animar a un creador a pivotar hacia proyectos más inmediatos y de mayor calidad, o a experimentar con formatos que requieran menos tiempo de producción pero mantengan el compromiso de la audiencia. Esta adaptabilidad no sólo mejora la cartera de un creador, sino que también revitaliza su pasión por la creación de contenidos. Al final, forjarse una carrera de éxito en YouTube implica comprender que tanto la calidad como la cantidad son interdependientes; alcanzar un equilibrio eficaz permite a los creadores construir una marca sostenible que resuene poderosamente con su audiencia.

XVII. ADAPTARSE A LAS TENDENCIAS

En un panorama digital en constante evolución, la capacidad de pivotar en respuesta a las tendencias emergentes es crucial para los creadores de contenidos que aspiran a prosperar en plataformas como YouTube. Al observar los rápidos cambios en las preferencias de los espectadores, los YouTubers de éxito suelen dedicar tiempo a realizar minuciosos estudios de mercado, identificando las tendencias, los temas y los formatos de contenido que resuenan entre su audiencia. Ya se trate de un reto viral, un fenómeno cultural o un acontecimiento de actualidad, reconocer estas tendencias a tiempo y alinear el contenido con los intereses de la audiencia puede mejorar significativamente la visibilidad y el compromiso. Utilizar herramientas como Google Trends, análisis de redes sociales y comentarios de la audiencia permite a los creadores permanecer atentos a lo que cautiva a sus espectadores, permitiéndoles adaptarse rápidamente y mantener la relevancia en un mercado saturado.

Las ideas de contenidos innovadores que reflejan las últimas tendencias no sólo atraen a nuevos suscriptores, sino que también revitalizan a las audiencias existentes. Un enfoque estratégico de la adaptación de contenidos implica experimentar con diferentes estilos, formatos y narrativas. Integrar memes o referencias populares en los vídeos puede forjar una conexión con los espectadores activos en comunidades online específicas. La retransmisión en directo y los contenidos de vídeo de formato corto, como YouTube Shorts, son cada vez más populares entre el público más joven. Al adoptar diversos formatos de contenido y técnicas de narración creativa, los creadores pueden sacar provecho de estas tendencias, fomentando un compromiso más profundo y mejorando la experiencia general del suscriptor. La capacidad de innovar sin dejar de ser fiel a la propia voz es esencial para destacar entre la competencia.

Adoptar la adaptabilidad fomenta el éxito y la sostenibilidad a largo plazo en YouTube. A medida que cambian los algoritmos y cambian los hábitos de los espectadores, los que pueden pivotar con eficacia tienen más probabilidades de construir canales resistentes. Los comentarios y análisis de la audiencia no sólo sirven para ajustar la estrategia de contenidos, sino que también crean un sentimiento de comunidad y lealtad entre los suscriptores. Al desarrollar una mentalidad de crecimiento -que da la bienvenida al cambio y busca la mejora continua- los creadores pueden navegar por las complejidades de la plataforma con mayor facilidad. Adaptarse a las tendencias, por tanto, no es una mera medida reactiva; es una estrategia proactiva que posiciona a los creadores para una relevancia, un compromiso y, en última instancia, un crecimiento continuos de su base de suscriptores.

IDENTIFICAR LAS TENDENCIAS ACTUALES

En el panorama en rápida evolución de YouTube, estar al tanto de las tendencias actuales es crucial para los creadores que aspiran a ampliar su base de suscriptores. Las tendencias suelen surgir de los cambios en el comportamiento de los consumidores, los avances tecnológicos y los fenómenos culturales. El auge de los contenidos breves, ejemplificado por la popularidad de TikTok e Instagram Reels, ha tenido un profundo impacto en las funciones propias de YouTube, como YouTube Shorts. Los creadores que aprovechan estos formatos pueden captar la atención de los espectadores en menos de un minuto, atendiendo a un público que busca cada vez más contenidos rápidos y digeribles. La capacidad de identificar y adaptarse a estas tendencias no sólo fomenta la relevancia, sino que aumenta significativamente las posibilidades de viralidad, atrayendo así a nuevos suscriptores ávidos del contenido más reciente y atractivo.

Igualmente importante es la influencia de las tendencias de participación de la audiencia en la estrategia de contenidos.

Cada vez más espectadores se sienten atraídos por narraciones resonantes y personalidades afines, en lugar de meros vídeos informativos. Este cambio indica un deseo de autenticidad, que impulsa a los creadores a forjar conexiones personales con su público mediante la narración de historias y elementos interactivos como transmisiones en directo y sesiones de preguntas y respuestas. Los creadores emergentes pueden aprovechar esta tendencia mostrando sus experiencias y emociones genuinas, lo que puede crear un sentimiento de comunidad entre los seguidores. Entablar diálogos a través de secciones de comentarios, encuestas y plataformas de medios sociales cultiva aún más esta relación, fomentando la fidelidad de los espectadores. Como el público busca cada vez más sentirse incluido en el proceso creativo, los YouTubers de éxito darán prioridad a la interacción frente a la comunicación unidireccional.

No se puede pasar por alto el aspecto analítico de la identificación de tendencias, ya que la toma de decisiones basada en datos es esencial para un crecimiento sostenible. El algoritmo de YouTube evoluciona continuamente, por lo que es imprescindible que los creadores utilicen herramientas analíticas para realizar un seguimiento del comportamiento de los espectadores, sus preferencias y las métricas de participación. Al examinar qué tipos de contenido generan más tiempo de visionado, más "me gusta" y más "compartidos", los creadores pueden afinar sus estrategias para alinearse con lo que más resuena entre su audiencia. Identificar las métricas de los momentos de mayor audiencia y los datos demográficos permite programar contenidos específicos y campañas de marketing personalizadas. Así, la síntesis de los temas de moda, las estrategias de captación de audiencia y las perspectivas analíticas crean un enfoque integral que permite a los creadores no sólo captar, sino también mantener y aumentar su base de suscriptores de forma eficaz en el competitivo ámbito de YouTube.

INTEGRAR LAS TENDENCIAS EN LOS CONTENIDOS

La capacidad de reconocer e integrar las tendencias actuales en la creación de contenidos es esencial para cualquier aspirante a YouTuber que aspire a la viralidad y a un crecimiento sustancial. Estar en sintonía con las preferencias cambiantes de los espectadores y los temas emergentes puede dar lugar a contenidos más atractivos y relevantes. Los creadores de contenidos deben invertir tiempo en la investigación y el análisis de los hashtags de moda, los retos virales y los temas populares dentro de su nicho. Plataformas como Google Trends y herramientas de análisis de redes sociales pueden proporcionar información sobre lo que capta la atención de la audiencia. Al alinear el contenido de vídeo con estas tendencias, los creadores no sólo mejoran su visibilidad, sino que también se posicionan como voces oportunas e informadas dentro de sus comunidades, fomentando una conexión más profunda con su audiencia.

La integración de las tendencias no consiste simplemente en reflejar el contenido popular; también implica infundir creatividad y perspectiva personales a estos temas de moda. Aunque es tentador seguir ciegamente todas las tendencias, los creadores de más éxito entienden que la autenticidad es primordial. Entretejen con pericia sus estilos narrativos únicos y su experiencia en el tejido de las tendencias actuales, creando así una identidad de marca distintiva. Esta fusión permite a los creadores destacar en medio de un mercado saturado, ofreciendo al público algo fresco y memorable. Mientras las tendencias van y vienen, los que dan prioridad a un toque personal junto a su contenido oportuno tienen más probabilidades de cultivar una base de suscriptores leales que valoren su individualidad.

Además de aumentar la participación y mejorar la marca personal, la integración de tendencias puede impulsar la favorabilidad algorítmica en YouTube. La plataforma tiende a promocionar los vídeos que se alinean con temas populares, a menudo impulsándolos a las listas de tendencias o a los feeds recomendados. Los creadores que incorporan estratégicamente palabras clave y conceptos de tendencia en sus títulos, descripciones y etiquetas mejoran sus posibilidades de llegar a un público más amplio. este enfoque requiere un cuidadoso equilibrio; el contenido nunca debe comprometer la autenticidad sólo por el hecho de ser tendencia. Los YouTubers de éxito reconocen que la longevidad en el crecimiento de sus canales depende de un enfoque sostenible, que combine el conocimiento de las tendencias con una auténtica inversión en su oficio. Al hacerlo, no sólo se aseguran la visibilidad a corto plazo, sino que también construyen una base para el éxito duradero en un panorama digital en constante evolución.

SEGUIR SIENDO RELEVANTE EN UN PANORAMA CAMBIANTE

Los rápidos avances tecnológicos y las cambiantes preferencias de la audiencia exigen un enfoque dinámico de la creación de contenidos. Los creadores de contenidos que permanecen estáticos corren el riesgo de perder visibilidad y relevancia, ya que plataformas como YouTube evolucionan constantemente en respuesta a los patrones de participación de los usuarios. El algoritmo que gobierna la promoción de vídeos funciona con métricas cada vez más sofisticadas, dando prioridad no sólo a las visualizaciones, sino también al tiempo de visionado, la retención de la audiencia y la interacción del usuario. Por ello, los creadores deben mantenerse informados sobre las actualizaciones del algoritmo y las tendencias de la comunidad, ajustando sus estrategias en consecuencia. Si adoptan la flexibilidad y la voluntad de experimentar con nuevos formatos -ya sean vídeos cortos, retransmisiones en directo o colaboraciones-, los creadores pueden mantener su relevancia y aprovechar las nuevas oportunidades. Otro aspecto integral para seguir siendo relevante en un panorama cambiante es comprender profundamente a la propia audiencia. Conseguir seguidores leales depende de reconocer y adaptarse a los comentarios y preferencias de la audiencia. Los creadores de éxito suelen utilizar las plataformas de redes sociales y las funciones de comunidad de YouTube para fomentar el diálogo con sus espectadores, dando forma eficazmente a su contenido basándose en las aportaciones directas. Al aprovechar las herramientas de análisis de datos para evaluar los datos demográficos de los espectadores y las métricas de participación, los creadores pueden adaptar su contenido y mejorar su calidad. Este enfoque no sólo mejora la satisfacción de la audiencia, sino que también aumenta la probabilidad de crecimiento orgánico, ya que los espectadores comprometidos son más propensos a compartir contenidos y atraer a nuevos suscriptores.

No se puede subestimar la importancia de la creación de redes y la colaboración en la búsqueda de la relevancia. Colaborar con otros creadores o personas influyentes en nichos similares facilita el crecimiento mutuo y expone al público a nuevas perspectivas e ideas. Las colaboraciones estratégicas a menudo producen contenidos innovadores que resuenan en diversos grupos demográficos de espectadores, impulsando la participación y aumentando la visibilidad en múltiples canales. Participar en eventos comunitarios y foros en línea ayuda a los creadores a mantenerse al día de las tendencias del sector y los retos colectivos. Cultivar estas relaciones permite a los creadores adaptarse y evolucionar junto con el panorama rápidamente cambiante de los contenidos digitales, garantizando que no sólo sobrevivan, sino que prosperen en sus esfuerzos en YouTube.

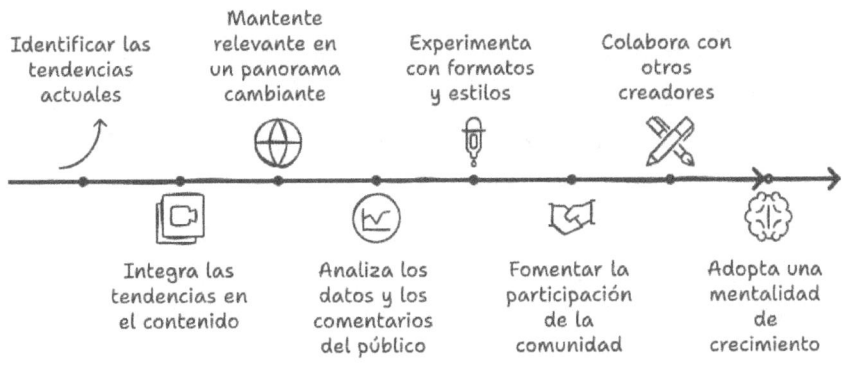

Adaptarse a las tendencias para triunfar en YouTube

XVIII. MANEJO DE LA CRÍTICA Y LA NEGATIVIDAD

Navegar por el mundo de la creación de contenidos en línea implica inevitablemente encontrarse con el escrutinio y la crítica, lo que puede resultar desalentador incluso para las personas más resistentes. El primer paso para hacer frente a los comentarios es distinguir entre las críticas constructivas y los ataques negativos. La crítica constructiva proporciona información valiosa que puede servir para mejorar la calidad del contenido y la participación de la audiencia, permitiendo a los creadores mejorar sus habilidades y hacer crecer sus canales. Por el contrario, la negatividad que tiene sus raíces en el trolling o la hostilidad debe reconocerse como ineficaz y descartarse. Al desarrollar un marco claro para evaluar los comentarios, los creadores pueden transformar la naturaleza a menudo abrumadora de la crítica en un proceso manejable y constructivo, que conduzca al crecimiento personal y profesional.

Procesar las críticas requiere inteligencia emocional y una mentalidad de crecimiento. Ante los comentarios negativos, es esencial hacer una pausa y evaluar las propias reacciones emocionales. La autorreflexión puede ayudar a los creadores a comprender por qué determinados comentarios desencadenan respuestas emocionales; esta conciencia es clave para mantener una actitud positiva. Adoptar una mentalidad de crecimiento fomenta la resiliencia y anima a los creadores a ver las críticas como una oportunidad de aprendizaje y no como un ataque personal. Estrategias como buscar la opinión de los compañeros, entablar diálogos con comunidades de apoyo y centrarse en los aspectos positivos de los contenidos bien recibidos pueden fomentar la confianza en las propias capacidades, lo que en última instancia conduce a una determinación reforzada frente a la negatividad. Gestionar con éxito la negatividad implica no sólo un enfoque interno, sino también la aplicación de estrategias para mantener la presencia en Internet. Establecer una presencia clara y atractiva en los medios sociales permite una narrativa más controlada en torno al contenido. Los creadores deben responder activamente a su audiencia, abordando las preocupaciones al tiempo que establecen límites en relación con los comentarios perjudiciales. Construir una comunidad de apoyo cultiva un entorno en el que florecen las conversaciones constructivas, reduciendo el impacto de la negatividad. Celebrar periódicamente los hitos, reconocer el apoyo de los suscriptores y mostrar los procesos entre bastidores puede fomentar un sentimiento de pertenencia entre los seguidores. Al situarse en el centro de un discurso positivo, es más probable que los creadores fomenten la resiliencia y creen un canal sostenible y atractivo, incluso en medio de los retos que plantean las críticas.

RESPONDER A LOS COMENTARIOS NEGATIVOS

Hacer frente a las críticas es un aspecto inherente a la creación de contenidos, especialmente en plataformas tan públicas e interactivas como YouTube. Cuando se enfrentan a comentarios negativos, los creadores deben comprender primero las motivaciones subyacentes que los impulsan. A menudo, los comentarios negativos se deben a los gustos personales de los espectadores, a expectativas diferentes o incluso a frustraciones no resueltas. Reconocer estas perspectivas puede transformar la forma en que los creadores perciben las críticas. Al fomentar la empatía hacia su audiencia, los creadores de contenidos pueden contextualizar mejor estos comentarios, viéndolos no sólo como hostilidad, sino como señales que indican áreas de mejora o compromiso. Este cambio de mentalidad fomenta la resiliencia, permitiendo a los creadores centrarse en el crecimiento en lugar de sucumbir al desánimo. El compromiso proactivo con los comentarios negativos puede fomentar un entorno comunitario más positivo y convertir potencialmente a los detractores en defensores. En lugar de responder a la defensiva, los creadores deberían considerar la posibilidad de abordar las críticas con consideración y respeto. Un creador puede optar por responder agradeciendo la sinceridad del espectador y aclarando su intención o enfoque del contenido. Esta interacción no sólo muestra la voluntad de los creadores de comprometerse con su audiencia, sino que también pone de relieve su compromiso de mejorar. Al crear un diálogo, los creadores pueden demostrar a su audiencia que escuchan y valoran sus opiniones, lo que puede conducir a una mayor lealtad y confianza. La capacidad de responder eficazmente a los comentarios negativos es fundamental para dar forma a la personalidad pública de un creador y puede influir significativamente en la trayectoria de sus canales.

Poner en marcha estrategias para recibir comentarios constructivos permite a los creadores perfeccionar su contenido y su presentación. Con el tiempo, este proceso iterativo puede dar lugar a una marca más auténtica y reconocible, que atrae a un público más amplio. Aceptar las críticas puede conducir al crecimiento personal y al desarrollo profesional, ya que los creadores aprenden a discernir los comentarios válidos de la negatividad injustificada. Al considerar los comentarios negativos como oportunidades para el diálogo y no como ataques a su carácter, los creadores de contenidos pueden fomentar una comunidad de apoyo que alimente tanto el éxito de sus canales como su crecimiento personal dentro del panorama en constante evolución de YouTube.

APRENDER DE LAS CRÍTICAS

Navegar por el complejo panorama de la creación de contenidos en línea a menudo implica enfrentarse a críticas que, aunque inicialmente resulten chocantes, pueden convertirse en un valioso maestro. Cuando los aspirantes a YouTubers reciben comentarios sobre sus vídeos, ya sean positivos o negativos, se presenta una oportunidad para la autorreflexión y el crecimiento. En lugar de rechazar los comentarios críticos o ponerse a la defensiva, los creadores deben abordarlos con una mente abierta. Analizar los puntos concretos planteados por los espectadores puede revelar puntos ciegos en el propio contenido, como áreas en las que falta claridad o compromiso. Al escuchar activamente los puntos de vista de la audiencia, los YouTubers pueden perfeccionar su arte y adaptarse mejor a las preferencias de sus espectadores, lo que en última instancia se traduce en un contenido de mayor calidad que resuena en una audiencia más amplia. Igualmente importante es la capacidad de diferenciar entre la crítica constructiva y la destructiva. Los comentarios constructivos se caracterizan a menudo por su especificidad, y ofrecen ideas prácticas sobre lo que se puede mejorar, mientras que las críticas destructivas tienden a ser vagas o negativas, sin ofrecer soluciones. Aprender a aceptar las críticas constructivas permite a los creadores centrarse en mejoras tangibles, fomentando un entorno en el que el crecimiento se convierte en el objetivo principal. Técnicas como resumir los comentarios, priorizar los elementos procesables y aplicar los cambios de forma selectiva pueden acelerar el proceso de aprendizaje. Este enfoque disciplinado no sólo mejora la calidad de los contenidos, sino que también desarrolla la resiliencia ante las opiniones menos favorables, dotando a los creadores de las herramientas necesarias para mantener la motivación y el positivismo a lo largo de su trayectoria.

El poder transformador de la crítica reside en su capacidad para catalizar el desarrollo personal y profesional. Al incorporar los comentarios a su proceso creativo, los YouTubers cultivan una mentalidad de crecimiento que fomenta la longevidad en sus carreras. Aceptar las críticas no sólo lleva a perfeccionar aspectos técnicos, como la producción y edición de vídeo, sino que también refuerza la marca personal de los creadores al infundirles un sentido de autenticidad y relacionabilidad. A medida que los creadores adaptan su contenido en función de las aportaciones de la audiencia, fomentan una conexión más fuerte con sus espectadores, lo que aumenta su fidelidad y el número de suscriptores. En una plataforma definida por el cambio constante y los comentarios de los usuarios, la voluntad de aprender de las críticas puede sentar las bases para un éxito sostenido y una próspera carrera en YouTube.

MANTENER EL BIENESTAR MENTAL

Navegar por el complejo panorama de YouTube puede ser una montaña rusa de emociones, por lo que es esencial que los creadores incorporen estrategias que apoyen el bienestar mental. Implicarse en la rutina de la creación de contenidos puede llevar al agotamiento si no se gestiona adecuadamente. Es crucial establecer un horario equilibrado que incluya tiempo para la reflexión personal, el ocio y la conexión con los demás. Para fomentar la resiliencia, los creadores deben fijarse regularmente objetivos realistas, que les permitan celebrar las pequeñas victorias sin sentirse abrumados por las presiones de perseguir el éxito viral. Incorporar prácticas de Mindfulness, como la meditación o llevar un diario, puede ayudar a controlar el estrés y mantener la perspectiva. Al dar prioridad a la salud mental junto con las ambiciones creativas, los creadores de contenidos pueden mantener su pasión y seguir produciendo contenidos atractivos que resuenen en su audiencia.

Otro aspecto importante del mantenimiento del bienestar mental gira en torno a la creación de comunidades. Participar en una red de apoyo de compañeros creadores puede proporcionar un apoyo emocional crucial y fomentar las oportunidades de colaboración. Las plataformas de las redes sociales a menudo sirven como extensiones de las personalidades de YouTube, permitiendo interacciones auténticas con suscriptores y compañeros. Discernir las conexiones significativas del mero compromiso performativo es vital; las relaciones de calidad contribuyen positivamente a la salud mental. Participar en foros o eventos de creadores de contenidos también puede ofrecer valiosas ideas y ánimos, aliviando los sentimientos de aislamiento habituales en el espacio digital. Se anima a los creadores a compartir sus retos y triunfos, promoviendo una cultura que valora la vulnerabilidad y la franqueza, lo que en última instancia conduce a vínculos más fuertes y a un viaje creativo más satisfactorio.

No se puede subestimar la importancia del autocuidado cuando se persigue el éxito en YouTube. Los creadores deben reconocer que su estado mental influye en su contenido y, por extensión, en su audiencia. Practicar el autocuidado no sólo implica la salud física, sino también cultivar el bienestar emocional y psicológico. Hacer pausas regulares en la grabación, dedicarse a aficiones no relacionadas con la creación de contenidos y buscar ayuda profesional cuando sea necesario puede mejorar la capacidad de los creadores para pensar de forma creativa e innovar. Al desarrollar una mentalidad que dé prioridad al bienestar, los creadores pueden minimizar la ansiedad asociada a las fluctuaciones en el número de suscriptores o en el rendimiento de los vídeos, manteniendo así una relación más sana con su oficio. Integrar el autocuidado en la búsqueda del éxito en YouTube fomenta la longevidad en un entorno competitivo, permitiendo a los creadores prosperar tanto personal como profesionalmente.

XIX. CONSIDERACIONES LEGALES Y DE DERECHOS DE AUTOR

Navegar por el complejo panorama de YouTube requiere un profundo conocimiento de las consideraciones legales y de derechos de autor, que pueden afectar profundamente al éxito de un creador. Los creadores de contenido deben comprender que utilizar música, imágenes o vídeos protegidos por derechos de autor sin la debida autorización puede dar lugar a bloqueos de contenido, desmonetización del canal o incluso acciones legales. YouTube emplea un sólido sistema de identificación de contenidos que puede detectar material protegido por derechos de autor, lo que da lugar a reclamaciones automáticas de monetización o eliminaciones. Esto subraya la importancia de la originalidad y de obtener las licencias adecuadas al incorporar contenido de terceros en los vídeos. Los creadores deben considerar detenidamente estos aspectos para salvaguardar sus canales y asegurarse de que sus prácticas de producción se ajustan a las normas legales. Además de los derechos de autor, los creadores deben ser conscientes de la normativa de la FTC sobre patrocinios y avales. La transparencia desempeña un papel crucial en el mantenimiento de la confianza de los espectadores; los creadores están legalmente obligados a revelar de forma destacada cualquier promoción pagada o colocación de productos. El incumplimiento de esta normativa puede acarrear sanciones y dañar la reputación de los creadores. Fomentando la honestidad con su audiencia, los creadores de contenidos pueden crear una base de suscriptores leales al tiempo que garantizan el cumplimiento de los marcos legales. Por tanto, integrar las prácticas éticas junto con las obligaciones legales no sólo mejora la posición del creador en la comunidad, sino que también mantiene el crecimiento y el compromiso a largo plazo. Nunca se insistirá lo suficiente en la importancia de comprender el uso justo. Esta doctrina legal permite el uso limitado de materiales protegidos por derechos de autor sin permiso para fines específicos, como comentarios, crítica o educación. Para los aspirantes a YouTubers, comprender los matices del uso justo puede ser una potente herramienta para la creatividad y la innovación. Incluso con el uso justo, la línea puede ser borrosa, por lo que es fundamental que los creadores busquen asesoramiento legal en caso de duda. Al equilibrar la creatividad con la conciencia jurídica, los creadores de contenidos pueden hacerse un hueco y reducir el riesgo de infringir los derechos de otros. Incorporar una sólida base jurídica a sus procesos creativos amplifica su capacidad para prosperar en la plataforma.

COMPRENDER LAS LEYES DE DERECHOS DE AUTOR

Navegar por el complejo panorama de la creación de contenidos en plataformas como YouTube requiere una sólida comprensión de las leyes de derechos de autor. Los creadores deben ser muy conscientes de las posibles consecuencias del uso de material protegido por derechos de autor, ya que las infracciones pueden dar lugar a acciones punitivas, como la retirada de vídeos y el bloqueo de canales. El uso legítimo, una doctrina que permite el uso limitado de material protegido por derechos de autor sin permiso, proporciona un marco para determinados tipos de comentarios, críticas, educación y parodias. Determinar qué constituye un uso legítimo puede ser a menudo turbio, ya que depende de un análisis caso por caso, teniendo en cuenta factores como la finalidad, la naturaleza, la cantidad y el efecto sobre el valor de mercado de la obra original. Por ello, se anima a los creadores a familiarizarse con estos conceptos para minimizar los riesgos legales al tiempo que maximizan la expresión creativa. Otro aspecto fundamental de la comprensión de los derechos de autor es reconocer los distintos tipos de contenido y sus protecciones inherentes. El contenido original elaborado por los creadores obtiene automáticamente la protección de los derechos de autor, lo que les otorga derechos exclusivos de uso, reproducción y distribución de su obra. Esto significa que los creadores pueden tratar activamente de monetizar sus vídeos originales mediante ingresos publicitarios, patrocinios o mercancías sin temor a infringir los derechos de otros. Por el contrario, el uso de música protegida por derechos de autor, clips de películas u otros contenidos de los creadores requiere un permiso explícito o acuerdos de licencia. Los creadores de contenidos también deben conocer las obras de dominio público y las licencias Creative Commons, que pueden proporcionar vías para incorporar legalmente contenidos existentes a sus vídeos, fomentando así la creatividad y cumpliendo al mismo tiempo las normas legales. Comprender las leyes de derechos de autor no consiste sólo en cumplir las normas, sino también en aprovecharlas para potenciar la creatividad y el compromiso. Los creadores pueden utilizar eficazmente su conocimiento de los derechos de autor para establecer relaciones de colaboración con otros creadores, músicos y marcas, lo que permite oportunidades de promoción cruzada y llegar a audiencias más amplias. Respetando los derechos de autor existentes y buscando las licencias adecuadas para las colaboraciones, los creadores pueden crear contenidos únicos e innovadores que atraigan a los espectadores y destaquen en un mercado saturado. Fomentar la reputación de respetar las leyes de derechos de autor puede mejorar la credibilidad de un creador dentro de la comunidad, atrayendo potencialmente asociaciones de marcas y patrocinios. De este modo, un conocimiento profundo de los derechos de autor no sólo protege a los creadores, sino que también sirve como catalizador para el crecimiento y la conexión en sus empresas de YouTube.

USO JUSTO Y CREACIÓN DE CONTENIDOS

Navegar por los entresijos de la legislación sobre derechos de autor puede resultar especialmente desalentador para los creadores de contenidos en plataformas como YouTube, donde la línea que separa la inspiración de la infracción es a menudo difusa. Un concepto que destaca en este contexto es el uso justo, una doctrina legal que permite el uso limitado de material protegido por derechos de autor sin permiso del titular de los derechos. Este principio resulta especialmente pertinente para los creadores que pretenden incluir obras existentes -ya sean música, videoclips u obras de arte- en sus contenidos. El uso legítimo proporciona un marco en el que los creadores pueden criticar, comentar o incluso parodiar los originales, ofreciendo no sólo protección legal, sino también una rica vía para narrar historias atractivas. Comprender los cuatro factores que determinan el uso legítimo -finalidad, naturaleza, cantidad y efecto en el mercado- es crucial para los creadores que se esfuerzan por garantizar que su trabajo sigue cumpliendo la normativa sin dejar de ser innovador y atractivo. Cultivar una comprensión exhaustiva del uso justo puede mejorar significativamente la capacidad de un creador para forjar conexiones con su público.

Los creadores que utilizan hábilmente los medios existentes pueden aprovechar las experiencias culturales compartidas que resuenan con los espectadores, mejorando la relacionabilidad y el compromiso. Un creador que utilice fragmentos de películas populares o medios de comunicación de moda puede suscitar debates y fomentar la comunidad, enriqueciendo la experiencia general de visionado. Este enfoque requiere un delicado equilibrio; una dependencia excesiva de material de terceros o unos elementos transformadores insuficientes pueden dar lugar a reclamaciones de derechos de autor que socaven el crecimiento de un canal. Los creadores no sólo deben centrarse en el cumplimiento, sino también aprovechar el uso legítimo como estrategia intencionada en la elaboración de contenidos que contribuyan al diálogo dentro de la comunidad creativa, elevando con éxito su marca y su canal.

Es esencial que los creadores de contenidos se mantengan alerta y adapten sus estrategias a medida que evoluciona el panorama del uso legítimo, sobre todo en la era digital, marcada por los rápidos avances tecnológicos y las cambiantes normas sociales. La fluidez de las interpretaciones de los derechos de autor significa que lo que se considera uso legítimo puede cambiar, influido por la nueva jurisprudencia y las interpretaciones únicas de las distintas jurisdicciones. Los creadores deben mantenerse informados sobre las actualizaciones de la legislación de derechos de autor y pueden beneficiarse de consultar a expertos legales para navegar por escenarios complejos. Al comprometerse proactivamente con los matices del uso legítimo, los creadores pueden mitigar los riesgos al tiempo que fomentan la originalidad y la innovación en su trabajo. Quienes dominan los principios del uso legítimo no sólo salvaguardan sus esfuerzos, sino que también enriquecen a la comunidad en general aportando contenidos diversos y transformadores que inspiran el diálogo y la creatividad.

PROTEGER TU CONTENIDO

Los creadores de contenidos deben dar prioridad a la formulación de una estrategia sólida para hacer valer la propiedad sobre su trabajo. Esto comienza con la comprensión de las leyes de derechos de autor y cómo se aplican a las diversas formas de medios de comunicación, incluidos los vídeos, la música y las imágenes. Establecer licencias creative commons o utilizar notificaciones de derechos de autor proporciona capas iniciales de protección contra el uso no autorizado. Disponer de términos y condiciones claros en plataformas como YouTube puede mitigar significativamente los riesgos asociados al robo de propiedad intelectual. Al marcar claramente el contenido como original y delinear los derechos de uso, los creadores pueden salvaguardar sus esfuerzos intelectuales al tiempo que mantienen el control sobre su marca y su mensaje. Este enfoque proactivo no sólo disuade de posibles infracciones, sino que también indica a los espectadores el valor que se da al contenido original dentro de la comunidad de YouTube.

Igualmente importante es el uso estratégico de herramientas digitales que mejoren la protección de los contenidos y fomenten la participación de la audiencia. La identificación de contenidos, por ejemplo, permite a los creadores rastrear sus obras subidas a través de la plataforma YouTube y monetizar o bloquear las reproducciones no autorizadas. Comprometerse con los seguidores a través de las redes sociales puede servir además como medio para construir una comunidad que respete el trabajo original. Al cultivar una audiencia leal, los creadores generan un sistema de apoyo que puede ayudar a denunciar casos de robo de contenidos y amplificar su voz ante las violaciones. Así, la integración de la tecnología con la participación activa de la audiencia no sólo garantiza que los contenidos permanezcan protegidos, sino que también alimenta una imagen de marca que enfatiza la autenticidad y la integridad del creador. Para sacar verdadero provecho de las medidas de protección existentes, los creadores también deben estar atentos y adaptarse a la evolución de los entornos en línea. Evaluar periódicamente la eficacia de las estrategias actuales, mantenerse al día de los cambios en las políticas de las plataformas y comprender las nuevas leyes de derechos de autor puede garantizar que el contenido permanezca seguro a lo largo del tiempo. Los creadores deben estar preparados para errar por el lado de la precaución cuando colaboren con otros productores de contenidos, ya que las asociaciones a veces pueden dar lugar a disputas sobre la propiedad. Establecer acuerdos claros antes de emprender proyectos conjuntos puede abordar preventivamente posibles conflictos, reforzando el compromiso de proteger la propiedad intelectual propia. Al comprometerse activamente con estas medidas de protección, los creadores de contenidos pueden centrarse en lo que mejor saben hacer -crear contenidos atractivos- con la confianza de que su trabajo es visible y está protegido de las infracciones.

Entender las leyes de derechos de autor para los creadores de YouTube

Pros VS **Contras**

Pros	Contras
Protección jurídica	Riesgo de huelgas de contenido
Originalidad	Complejidades jurídicas
Oportunidades de monetización	Posibles sanciones
Confianza del espectador	Conlleva mucho tiempo
Colaboración creativa	Necesidad de licencias

XX. TRABAJO EN RED CON OTROS CREADORES

El éxito en plataformas como YouTube no suele ser un empeño solitario, sino que se nutre del establecimiento de relaciones con otros creadores. La creación de redes estratégicas permite a las personas acceder a nuevas audiencias al tiempo que comparten recursos, conocimientos y habilidades. Al formar alianzas con creadores que tienen estilos o nichos complementarios, los productores de contenidos pueden crear proyectos de colaboración que atraigan al público de ambas partes. Esta sinergia no sólo aumenta la visibilidad, sino que también fomenta un sentimiento de comunidad entre los creadores, algo fundamental en un sector que a menudo puede parecer aislado. Ya sea a través de apariciones como invitados, vídeos dobles o retransmisiones en directo conjuntas, estas colaboraciones pueden conducir a un crecimiento exponencial, ya que se presentan a los espectadores nuevas perspectivas y nuevos contenidos que les hacen volver a por más. Relacionarse con otros creadores también facilita una retroalimentación y un apoyo inestimables, que pueden ser fundamentales para el crecimiento y el perfeccionamiento. La crítica constructiva de los compañeros puede aportar ideas difíciles de recoger en el vacío, y a menudo identifica áreas de mejora en el contenido o la presentación que un creador podría pasar por alto. La creación de redes ofrece oportunidades de tutoría, en las que los creadores experimentados pueden guiar a los recién llegados por los laberínticos caminos de la creación de contenidos, el marketing y la creación de marcas. Este intercambio de conocimientos no sólo mejora las habilidades de un individuo, sino que infunde un sentimiento de pertenencia a la comunidad de creadores más amplia, ayudando a navegar por la montaña rusa emocional que a menudo se presenta en la búsqueda de la aclamación popular en plataformas como YouTube. El impacto de la creación de redes va más allá de las meras cifras de audiencia; sienta las bases de un éxito sostenible. Los creadores que dan prioridad a la creación de redes a menudo se posicionan estratégicamente dentro de su nicho, lo que conduce a empresas de colaboración que generan contenido fresco y atractivo. Esta interconexión puede ayudar a mitigar los retos que plantean los frecuentes cambios de algoritmos y políticas de YouTube, ya que una red sólida puede ofrecer diversificación y adaptabilidad en el enfoque. En un espacio que evoluciona rápidamente, establecer una comunidad sólida de colaboradores no sólo es beneficioso, sino que es esencial para los creadores que aspiran a pasar de la oscuridad a la prominencia en el panorama siempre competitivo de YouTube.

ESTABLECER RELACIONES EN LA COMUNIDAD

En un panorama digital en el que las conexiones a menudo parecen superficiales, establecer relaciones significativas dentro de una comunidad es primordial para los creadores de YouTube. Relacionarse directamente con los espectadores fomenta un sentimiento de propiedad y lealtad, transformando una audiencia casual en una base de seguidores entregados. Los creadores pueden cultivar estas relaciones respondiendo a los comentarios, realizando sesiones de preguntas y respuestas, e implicando a los suscriptores en las decisiones de contenido. Este enfoque interactivo no sólo personaliza la experiencia de visualización, sino que también hace que los miembros de la comunidad se sientan valorados y escuchados, lo que puede conducir a un aumento de las métricas de compromiso. A medida que el canal desarrolla una comunidad auténtica, los creadores pueden utilizar los comentarios recogidos para refinar su contenido, asegurándose de que resuene más profundamente con los intereses y preferencias de su audiencia. Igualmente importante en la creación de relaciones es el concepto de colaboración. Al asociarse con otros creadores, las personas pueden llegar a nuevos públicos y, al mismo tiempo, reforzar los lazos con su comunidad. Los vídeos en colaboración pueden introducir diversas perspectivas y resaltar valores compartidos, haciendo que el contenido sea más relacionable y variado. Estas asociaciones pueden implicar proyectos conjuntos, retos o entrevistas, y no sólo amplían el alcance sino que también enriquecen el propio contenido. La colaboración crea una red de apoyo mutuo, en la que los creadores y sus comunidades pueden compartir recursos y conocimientos. Esta dinámica es crucial, sobre todo en el ecosistema de YouTube, en constante evolución, donde las relaciones pueden influir en la exposición y el éxito.

Fomentar un sentimiento de comunidad va más allá de la mera interacción con los espectadores; fomenta la creación de experiencias e identidades compartidas entre los abonados. Organizar eventos, ya sean en línea o presenciales, como encuentros, retransmisiones en directo o reuniones temáticas, mejora las conexiones interpersonales que trascienden la brecha digital. Estos encuentros solidifican el espíritu de la comunidad y ofrecen a los participantes la oportunidad de relacionarse cara a cara, profundizando así su vínculo con el creador y entre sí. Iniciativas como las campañas benéficas o los proyectos impulsados por la comunidad pueden elevar los intereses compartidos, fomentando una cultura de apoyo y crecimiento. Cuando los miembros de la audiencia se unen bajo una causa común, se convierten en algo más que simples espectadores: evolucionan hasta convertirse en defensores, amplificando eficazmente el alcance de los creadores y fomentando un sentimiento duradero de pertenencia.

ASISTENCIA A CONFERENCIAS Y ACTOS

Participar en conferencias y eventos del sector puede mejorar significativamente la comprensión de los creadores del dinámico panorama de YouTube. Estas reuniones ofrecen oportunidades inestimables para establecer contactos, donde se puede conocer a YouTubers de éxito, expertos del sector y representantes de grandes marcas. Al participar en talleres y mesas redondas, los asistentes adquieren conocimientos sobre tendencias de vanguardia y mejores prácticas que no siempre están disponibles en Internet. Este intercambio de conocimientos fomenta no sólo el crecimiento personal, sino también el potencial de oportunidades de colaboración. Estas conexiones pueden dar lugar a asociaciones que amplíen el alcance y la credibilidad de los contenidos, creando un efecto dominó beneficioso para el crecimiento de los canales.

Las conferencias suelen mostrar las últimas herramientas y tecnologías que pueden transformar la forma en que los creadores producen y distribuyen contenidos. Los asistentes pueden experimentar demostraciones prácticas de software de edición, herramientas de análisis y estrategias de marketing que mejoran la visibilidad de un canal. La exposición a estas innovaciones puede inspirar a los creadores a incorporar nuevos enfoques a su trabajo, haciendo que su contenido sea fresco y atractivo para los espectadores. Los consejos prácticos obtenidos de los líderes del sector pueden agilizar el enfoque de los creadores respecto a la optimización de algoritmos y la captación de audiencia. Esto puede conducir a estrategias de contenido más eficaces que resuenen con los espectadores, fomentando una base de suscriptores leales.

El acto de sumergirse en una comunidad de creadores con ideas afines alimenta la motivación y la creatividad. La energía generada por las experiencias y los retos compartidos puede reavivar una pasión por la creación de contenidos que puede haber decaído con el tiempo. Los debates con los compañeros a menudo revelan diversas perspectivas y estrategias que desafían las propias suposiciones sobre las mejores prácticas de la plataforma. Estas interacciones pueden dar lugar a ideas innovadoras que eleven la imagen de marca y los mensajes de un canal. Asistir a conferencias y eventos no se convierte en un mero esfuerzo educativo, sino en un catalizador vital para el crecimiento sostenido y la revitalización en el competitivo panorama de la creación de contenidos en YouTube.

CREACIÓN COLABORATIVA DE CONTENIDOS

El proceso de creación de contenidos en colaboración suele dar lugar a una gama más amplia de ideas, perspectivas y creatividad que la que se podría lograr de forma independiente. Al asociarse con otros creadores de contenidos, los individuos pueden poner en común su experiencia, habilidades y recursos, lo que conduce al desarrollo de obras polifacéticas que resuenan más profundamente en diversas audiencias. La colaboración puede manifestarse de varias formas, desde apariciones como invitados y series copresentadas hasta proyectos conjuntos que combinen diferentes estilos y formatos. Esta sinergia no sólo mejora la calidad del contenido, sino que también facilita la polinización cruzada de las audiencias, permitiendo que cada creador se relacione con suscriptores potencialmente nuevos que ya confían en las opiniones y personalidades en las que confían. La creación colaborativa de contenidos suele animar a las comunidades a unirse en torno a intereses compartidos, fomentando un sentimiento de pertenencia que puede aumentar la fidelidad y el compromiso de los espectadores.

Colaborar con otros creadores también ofrece oportunidades de aprendizaje y crecimiento, una dinámica crucial para cualquiera que navegue por el competitivo panorama de YouTube. Mediante la colaboración, los creadores pueden adquirir nuevas habilidades y conocimientos que amplíen su caja de herramientas creativas. Los que se especializan en edición pueden beneficiarse de trabajar con narradores, mientras que los artistas escénicos pueden adquirir conocimientos inestimables sobre aspectos técnicos de la producción. Esto, a su vez, les capacita para mejorar su propio contenido y desarrollar un producto final más pulido. El acto de colaborar puede conducir a la formación de mentores, ya que los creadores más experimentados suelen compartir estrategias y valiosos conocimientos internos que pueden acelerar la trayectoria de crecimiento de los recién llegados. El efecto dominó de estos intercambios puede ayudar a los canales más pequeños a refinar su voz, aumentar la visibilidad de sus contenidos y comprometerse más auténticamente con sus comunidades.

Los resultados ventajosos de la creación colaborativa de contenidos dependen no sólo del acto de trabajar juntos, sino del cultivo de relaciones auténticas dentro de la comunidad de creadores. Establecer confianza y respeto mutuo con los creadores de contenidos puede conducir a asociaciones a largo plazo que beneficien a todas las partes implicadas. La colaboración regular puede crear un bucle de retroalimentación en el que los creadores se inspiren y motiven mutuamente de forma continua, dando lugar a enfoques innovadores mejorados para el desarrollo de contenidos. Estas afiliaciones a menudo conducen a esfuerzos de marketing compartidos, en los que ambos creadores promocionan activamente el trabajo del otro, maximizando la exposición y el compromiso. A medida que la plataforma YouTube siga evolucionando, los que se adapten integrando la colaboración en sus estrategias probablemente no sólo sobrevivan, sino que prosperen en medio de la complejidad de los cambios de algoritmo y las preferencias cambiantes de los espectadores. En este panorama, formar parte de una red de colaboración puede aumentar significativamente la capacidad de atraer y mantener una base de suscriptores amplia y leal.

XXI. ESCALANDO TU CANAL

En el panorama moderno de la creación de contenidos digitales, aprovechar las plataformas de las redes sociales es primordial para cualquier aspirante a creador que desee ampliar su canal de YouTube. La interconexión de diversas plataformas permite un enfoque polifacético de la participación de la audiencia. Los creadores deben utilizar canales de redes sociales como Instagram, Twitter y TikTok para promocionar sus vídeos de YouTube, ofreciendo avances o contenido entre bastidores que genere expectación. Al cultivar una presencia en estas plataformas, los creadores pueden proporcionar un valor adicional a su audiencia, a la vez que captan la atención de posibles suscriptores. Participar en conversaciones oportunas, utilizar hashtags de tendencia y colaborar con personas influyentes puede aumentar aún más la visibilidad. Las redes sociales actúan como una poderosa herramienta de amplificación que puede convertir a los espectadores ocasionales en suscriptores dedicados, creando una base sólida para un crecimiento sostenido.

Junto con las redes sociales, la coherencia en la creación de contenidos representa un factor crítico a la hora de escalar un canal de YouTube. Establecer un calendario de publicación regular no sólo fomenta la fidelidad de la audiencia, sino que también desempeña un papel importante en la forma en que el algoritmo de YouTube promociona el contenido. Al publicar vídeos con regularidad, los canales indican a sus espectadores y a la plataforma que están comprometidos y que merecen su atención. Los creadores deben centrarse en días y horas específicos para subir vídeos, evaluando las métricas de participación de los espectadores para perfeccionar su enfoque. La coherencia va más allá de la sincronización; también incluye mantener un tema y un estilo coherentes en todo el canal. Al cultivar una identidad de marca reconocible, los creadores no sólo aumentan su credibilidad, sino que también crean expectación entre su audiencia. El efecto acumulativo de estos elementos es una base de suscriptores en constante expansión, impulsada por espectadores que vuelven expectantes en busca de nuevos contenidos. Igualmente importante en el camino hacia la ampliación de un canal de YouTube es el uso estratégico de la analítica de datos para fundamentar las decisiones sobre contenidos. YouTube proporciona una gran cantidad de información sobre el comportamiento, las preferencias y los patrones de participación de los espectadores, que puede ser muy valiosa para los creadores que buscan optimizar sus ofertas. Analizando métricas como el tiempo de visionado, los datos demográficos y las tasas de clics, los creadores pueden identificar lo que resuena entre su audiencia y lo que requiere ajustes. Este proceso iterativo permite al creador no sólo perfeccionar el contenido existente, sino también crear futuros vídeos que se ajusten a los intereses de los espectadores. Experimentar con distintos formatos de contenido -como retransmisiones en directo, tutoriales y colaboraciones- puede aportar información sobre lo que más cautiva a la audiencia. Aprovechando los datos de forma eficaz, los creadores pueden tomar decisiones estratégicas informadas que refuercen significativamente su capacidad para llegar a los suscriptores y retenerlos, allanando el camino para un canal próspero.

ESTRATEGIAS DE CRECIMIENTO

Un componente esencial para lograr el crecimiento en YouTube es crear contenido que resuene profundamente con un público objetivo. Comprender los datos demográficos y las preferencias de los espectadores potenciales permite a los creadores adaptar sus vídeos para satisfacer esos intereses específicos. Utilizar los datos de audiencia de las analíticas de YouTube puede ayudar a tomar decisiones sobre los temas, formatos y estilos de los vídeos. Las narrativas atractivas que evocan emociones o aportan valor establecen una conexión, fomentando una comunidad en torno al canal. Incorporar temas de tendencia, manteniendo la autenticidad, garantiza que el contenido siga siendo relacionable, pero innovador. Los creadores de contenidos deben centrarse en ofrecer imágenes y audio de alta calidad para mejorar la experiencia del espectador, ya que la primera impresión es fundamental para retener a la audiencia. Invirtiendo tiempo en la búsqueda de palabras clave relevantes y optimizando los títulos, las descripciones y las miniaturas de los vídeos, los creadores pueden mejorar la visibilidad, atrayendo a espectadores que probablemente se suscriban para ver contenidos más atractivos.

Crear una identidad de marca cohesiva en varias plataformas de medios sociales contribuye significativamente al crecimiento del canal. Crear una persona online que refleje el nicho del canal refuerza la autenticidad y permite un mayor compromiso de la audiencia. Alinear coherentemente el contenido, la estética y los mensajes con los valores de la marca crea reconocimiento y lealtad entre los suscriptores. Colaborar con otros creadores de contenidos puede amplificar la visibilidad, permitiendo oportunidades de promoción cruzada que presenten el canal a nuevas audiencias. Aprovechar los canales de las redes sociales para compartir contenido entre bastidores, avances y publicaciones interactivas fomenta el sentido de comunidad y anima a la participación de los espectadores. Participar regularmente con los espectadores a través de comentarios y sesiones en directo establece una conexión personal, invitando a conversaciones que aumentan la inversión de los espectadores en el canal. Una fuerte presencia de marca no sólo atrae a nuevos abonados, sino que también retiene a los existentes al fomentar continuamente una comunidad comprometida y dinámica en torno a la misión de los creadores de contenidos.

Adaptarse a los continuos cambios en el algoritmo de YouTube y a las preferencias de la audiencia es crucial para un crecimiento sostenido. La plataforma actualiza con frecuencia su algoritmo, lo que requiere un enfoque flexible de la estrategia de contenidos. Los creadores deben estar atentos a las tendencias del sector y a los comentarios de la audiencia para reorientar sus estrategias con eficacia. Utilizar pruebas A/B -comparar diferentes miniaturas, títulos o formatos de vídeo- puede proporcionar información valiosa sobre las preferencias y comportamientos de los espectadores, permitiendo a los creadores perfeccionar su enfoque basándose en datos empíricos. Comprender la importancia de la duración de los vídeos, los horarios de publicación y las métricas de retención de espectadores es vital para optimizar la visibilidad de los contenidos. La coherencia no sólo se refiere a la frecuencia de subida, sino que también implica mantener un nivel de calidad que los espectadores puedan esperar. Al adoptar las nuevas herramientas que ofrece la plataforma, como los cortos o las funciones de transmisión en directo, los creadores pueden diversificar sus tipos de contenido, manteniendo el canal fresco y atractivo, lo que, a su vez, sienta las bases para un crecimiento exponencial.

AMPLIAR LA OFERTA DE CONTENIDOS

En un panorama tan dinámico como YouTube, la adaptabilidad desempeña un papel crucial en la creación de contenidos. A medida que evolucionan las tendencias y cambian las preferencias de la audiencia, los creadores de contenidos deben reevaluar continuamente sus ofertas para mantener la relevancia. La diversificación de los formatos de vídeo -como la incorporación de transmisiones en directo, vlogs, tutoriales y entrevistas- puede atraer a un público más amplio y, al mismo tiempo, refrescar el enfoque creativo del canal. Experimentar con contenido basado en series fomenta la inversión de los espectadores, animándoles a volver para las siguientes entregas. Esto no sólo aumenta la participación, sino que también crea oportunidades para establecer conexiones más profundas con la audiencia, fomentando una base de espectadores fieles. Al defender tipos de contenido variados, los creadores pueden responder eficazmente a los análisis y a los comentarios, asegurándose de que se mantienen alineados con las expectativas y los intereses de los espectadores.

Comprometerse con el público más allá de los límites de los vídeos tradicionales mejora la conexión y fomenta la comunidad. Integrar elementos interactivos, como sesiones de preguntas y respuestas o encuestas en plataformas de medios sociales, puede facilitar la comunicación bidireccional, permitiendo que los espectadores se sientan más implicados en el proceso de creación de contenidos. Esta participación puede ser un recurso vital para identificar nuevos ángulos de contenido y posibles temas de interés. Los creadores podrían considerar la posibilidad de presentar ideas para proyectos de colaboración, lo que permitiría una polinización cruzada de audiencias y experiencias compartidas. A medida que los creadores amplían su alcance mediante la colaboración, enriquecen simultáneamente su biblioteca de contenidos y atraen a diversos grupos demográficos de espectadores, aumentando aún más su potencial de crecimiento. Este enfoque ejemplifica el poder de la creación de comunidades para facilitar una oferta de contenidos más sólida.

La ampliación de la oferta de contenidos no es sólo una cuestión de cantidad, sino de calidad impulsada por la comprensión de la audiencia. El uso de herramientas de análisis de datos puede revelar el comportamiento y las preferencias de los espectadores, proporcionando información para orientar los nuevos contenidos. Es esencial que los creadores de contenidos controlen las métricas de participación, como el tiempo de visionado, los "me gusta" y los comentarios, para identificar lo que resuena con mayor eficacia. Al adaptar el contenido para que cumpla estas métricas sin dejar de ser auténtico para su marca personal, los creadores no sólo refuerzan su credibilidad, sino que también pueden innovar dentro de sus nichos. Un enfoque estratégico, basado en datos, permite una difusión más eficaz y allana el camino para un crecimiento sostenido y una mayor fidelidad de los suscriptores. Esta estrategia polifacética subraya la importancia de la evolución de la oferta de contenidos como paso fundamental para los aspirantes a creadores de YouTube que aspiran al éxito a largo plazo.

PLATAFORMAS DIVERSIFICADORAS

En un panorama digital cada vez más competitivo, no se puede exagerar la importancia de diversificar las plataformas. Construir una presencia significativa únicamente en YouTube puede parecer atractivo, pero depender de un solo canal plantea riesgos sustanciales. Los cambios de algoritmo y los cambios en las preferencias de los usuarios pueden afectar drásticamente a la visibilidad y la participación. Al ampliar el alcance a varias plataformas de medios sociales como Instagram, TikTok y Twitter, los creadores pueden mejorar su visibilidad y atraer a diferentes segmentos de su audiencia. Cada plataforma ofrece herramientas y funciones únicas que pueden aprovecharse para crear contenido a medida, aumentando así el compromiso y la notoriedad generales. Utilizar varios canales fomenta las oportunidades de promoción cruzada, permitiendo a los creadores canalizar a los espectadores de una plataforma a otra, reforzando así el crecimiento de suscriptores y la cohesión general de la marca. Más allá de la mitigación de riesgos, la diversificación de plataformas también permite a los creadores experimentar con distintos estilos de contenido y estrategias de participación. Las distintas plataformas se adaptan a diferentes formas de contenido: los vídeos cortos y contundentes prosperan en TikTok, mientras que Instagram es excelente para imágenes e historias visualmente impactantes. Esta variedad invita a la innovación, empujando a los creadores a adaptar su mensaje y su expresión artística al carácter y al público de cada plataforma. Probar el contenido en varias plataformas ayuda a descubrir qué es lo que más resuena entre los espectadores; este conocimiento puede mejorar significativamente la oferta principal de un creador en YouTube. Al conocer las preferencias de su público en las distintas plataformas, los creadores pueden perfeccionar su estrategia de contenidos, asegurándose de que cumplen las expectativas de los espectadores y mantienen el interés a lo largo del tiempo. Participar en múltiples plataformas puede fomentar una relación más holística con el público. Cada canal de las redes sociales ofrece formas únicas de interactuar con los espectadores, desde comentarios y mensajes directos hasta retransmisiones en directo y encuestas. Esta interacción enriquecida fomenta la creación de comunidades y aumenta la fidelidad de los espectadores, lo que es crucial para un crecimiento sostenible. A medida que los creadores cultivan seguidores en todas las plataformas, no sólo atraen a un público mayor, sino que también se lanzan en paracaídas a nuevas oportunidades de colaboración y patrocinio que quizá no estuvieran disponibles en un solo canal. Esta interconexión también mejora las capacidades analíticas, lo que permite a los creadores comprender cómo interactúa su audiencia con los distintos tipos de contenido. Al adoptar la diversificación, los creadores se posicionan para el éxito a largo plazo, la adaptabilidad y el crecimiento expansivo, que son esenciales en el ámbito digital en rápida evolución.

XXII. CASOS PRÁCTICOS DE CREADORES DE ÉXITO

En el panorama de YouTube, algunos creadores han explorado estrategias innovadoras que no sólo han aumentado su número de suscriptores, sino que también han consolidado su presencia en nichos de mercado. Un caso convincente es el de Jenna Marbles, cuya autenticidad y contenido cercano resonaron entre millones de personas. Comenzó su canal en 2006 con vídeos humorísticos de mascotas y vlogs personales, y pronto estableció una marca caracterizada por un compromiso genuino con su audiencia. Aprovechó el poder de la narración y el humor para crear una comunidad en torno a su contenido. La capacidad de Jenna para adaptar su estilo y temas a lo largo del tiempo, sin dejar de ser fiel a su voz original, contribuyó en última instancia a su estatus como una de las primeras historias de éxito de YouTube. Esta adaptabilidad de su contenido no sólo atrajo a un público diverso, sino que mantuvo enganchados a sus fieles espectadores, demostrando cómo un creador puede evolucionar manteniendo la esencia de su marca. Otro caso ejemplar es el de Marques Brownlee, conocido como MKBHD, cuyo enfoque en reseñas tecnológicas y comentarios perspicaces le ha granjeado un importante número de seguidores. Al dar más importancia a la calidad que a la cantidad, Marques invirtió en altos valores de producción para sus vídeos, demostrando una aguda comprensión de cómo la presentación influye en la percepción del espectador. Sus análisis en profundidad y su enfoque profesional no sólo educan a su audiencia sobre productos tecnológicos complejos, sino que también le convierten en una autoridad creíble en este campo. Su hábil uso de las redes sociales amplificó su alcance y visibilidad, ya que los fragmentos de sus reseñas solían suscitar conversaciones en diversas plataformas. Brownlee ejemplifica cómo un creador puede aprovechar la experiencia y la estética para construir un nicho diferenciado en YouTube, diversificando al mismo tiempo los tipos de contenido, y sirviendo de ejemplo para los aspirantes a creadores que buscan labrarse su propio camino en el competitivo ecosistema.

Por otra parte, el creador culinario Binging with Babish ejemplifica cómo una marca única puede conducir a un éxito excepcional. Combinando demostraciones de cocina con elementos de medios populares, Andrew Rea atrae creativamente a su público mediante la preparación de platos inspirados en películas y programas de televisión. Su enfoque estratégico del contenido -emparejar habilidades culinarias con referencias nostálgicas- no sólo ha cautivado a los entusiastas de la comida, sino que también ha atraído a un público más amplio con intereses diversos. Mediante narraciones claras y presentaciones visualmente impactantes, Rea transforma con eficacia sencillos tutoriales de cocina en un entretenimiento cautivador. Su caso ilustra que comprender a la audiencia e integrar elementos de sus intereses en el contenido puede mejorar significativamente la participación y el crecimiento de suscriptores. Al fusionar con éxito el arte culinario con la cultura popular, Binging with Babish sirve como testimonio del potencial de la creatividad de nicho para crear una marca de gran resonancia en YouTube.

ANALIZANDO A LOS MEJORES YOUTUBERS

El éxito de los principales YouTubers puede atribuirse a menudo a su hábil comprensión de la participación de la audiencia y la estrategia de contenidos. Estos creadores evalúan meticulosamente las preferencias de los espectadores, respondiendo a las tendencias y a los comentarios para ajustar sus ofertas y conseguir un impacto óptimo. Los mejores YouTubers analizan con frecuencia sus análisis para detectar patrones de retención y participación de los espectadores, identificando así los tipos de contenido que mejor resuenan entre su público. Interactúan activamente con sus seguidores a través de los comentarios y las redes sociales, fomentando un sentimiento de comunidad que favorece la fidelidad y la repetición. Esta interacción bidireccional no sólo mantiene interesada a su audiencia, sino que también proporciona información muy valiosa para futuros contenidos. Con el tiempo, los creadores de éxito construyen una identidad de marca única que refleja su personalidad y valores, haciendo que sus canales sean distintivos y relacionables. Esta mezcla de evaluación estratégica y conexión auténtica apuntala los sólidos cimientos de sus amplias bases de suscriptores. La utilización del algoritmo de YouTube es otro factor crítico que desempeña un papel fundamental en el éxito de los creadores populares. Al comprender cómo prioriza la plataforma el contenido, los YouTubers de éxito crean vídeos que se ajustan a las preferencias del algoritmo, que a menudo favorece el material atractivo, de alta calidad y relevante. Seleccionan estratégicamente las palabras clave, crean miniaturas atractivas y estructuran su contenido para mejorar la capacidad de descubrimiento. La aplicación de tácticas como la optimización de los títulos y las etiquetas de los vídeos puede aumentar significativamente la visibilidad de un creador en las búsquedas, lo que conduce a mayores tasas de participación. Los creadores más populares suelen mantener la coherencia en los horarios de publicación, una estrategia que no sólo ayuda a la favorabilidad algorítmica, sino que también establece un ritmo fiable que hace que los espectadores vuelvan a por más. Esta alineación deliberada con la mecánica de YouTube subraya la necesidad de una perspicacia técnica para navegar por la plataforma, e ilustra cómo los creadores pueden aprovechar estas herramientas para ampliar significativamente su alcance. La diversificación de contenidos y fuentes de ingresos es un rasgo distintivo de los YouTubers de éxito, que les permite mantener la relevancia y la estabilidad financiera en un panorama en constante cambio. Muchos de estos creadores se aventuran más allá del contenido de vídeo tradicional explorando diversos formatos como vlogs, tutoriales, colaboraciones o transmisiones en directo, captando los diversos intereses de su público. Esta adaptabilidad no sólo ayuda a mantener el interés de los espectadores, sino que también les permite aprovechar las tendencias y los nichos emergentes. Con el auge de las asociaciones de marcas y los patrocinios, los influencers se han dado cuenta de la importancia de las redes profesionales, aprovechando sus plataformas para obtener oportunidades de monetización. Este enfoque empresarial suele incluir el lanzamiento de productos, la oferta de contenidos exclusivos a través de modelos de suscripción o el establecimiento de enlaces de marketing de afiliación. Al crear múltiples fuentes de ingresos, estos creadores se aseguran un crecimiento sostenido al tiempo que mejoran el valor de su marca, consolidando aún más su prominencia en el competitivo ámbito de YouTube.

LECCIONES APRENDIDAS DE SUS VIAJES

Los caminos hacia el éxito en YouTube iluminan el papel esencial de la adaptabilidad en un panorama digital en rápida evolución. Muchos creadores descubren que las estrategias que funcionaron el año pasado pueden no dar los mismos resultados hoy. A medida que cambian los algoritmos y cambian las preferencias de la audiencia, se hace imperativo que los productores de contenidos se mantengan ágiles, probando continuamente nuevas ideas y formatos. Este viaje ha enseñado a muchos que la flexibilidad no es una mera táctica de supervivencia, sino un catalizador para la innovación. Los YouTubers de éxito suelen hacer hincapié en la importancia de los circuitos de retroalimentación, en los que buscan activamente la opinión de los espectadores para perfeccionar su contenido. Al observar qué vídeos funcionan bien y por qué, los creadores de contenidos pueden pivotar con propósito, transformando las tendencias negativas en oportunidades de crecimiento positivas. Así pues, la capacidad de aceptar el cambio y evolucionar en consecuencia es una lección crucial aprendida al navegar por las complejidades de la plataforma YouTube. Igualmente significativo en el camino hacia el crecimiento de suscriptores es el cultivo de una auténtica comunidad en torno al propio contenido. Muchos YouTubers destacados subrayan la importancia de la interacción con su audiencia, que fomenta un sentimiento de pertenencia y lealtad. Involucrando a los espectadores a través de comentarios, chats en directo y plataformas de medios sociales, los creadores pueden humanizar su marca y construir conexiones duraderas. Esta relación no sólo aumenta las métricas de participación, sino que a menudo se traduce en una mayor retención de los espectadores y un alcance más amplio. Los creadores de contenidos de éxito reconocen que la transparencia sobre sus propios viajes -compartiendo luchas y triunfos- cala hondo en el público. Mediante la autenticidad, invitan a los espectadores a entrar en su mundo, creando una narrativa que les anima a invertir emocionalmente en el canal. Así, la lección sobre la creación de comunidades subraya el aspecto relacional de la creación de contenidos, demostrando que el verdadero éxito radica en las conexiones que se establecen con los demás. Dominar los aspectos técnicos de la creación de contenidos surge como una lección fundamental extraída de los viajes de los YouTubers de éxito. Desde comprender el software de edición de vídeo hasta optimizar las miniaturas y los títulos, los creadores aprenden rápidamente que la presentación visual de sus contenidos desempeña un papel fundamental a la hora de atraer espectadores. Muchos descubren que invertir tiempo en aprender estas habilidades técnicas no sólo mejora la calidad de su trabajo, sino que también aumenta su confianza a la hora de producir contenidos que destaquen en medio de un mar de competencia. El análisis de datos se convierte en un poderoso aliado en este proceso; analizando el número de visionados, los datos demográficos de la audiencia y los tiempos de visionado, los creadores pueden obtener información crítica que impulse futuras estrategias de contenido. Esta hábil combinación de creatividad y análisis permite a los YouTubers crear vídeos que no sólo atraen a los espectadores, sino que también mantienen su interés. Por lo tanto, hacer hincapié en la competencia técnica ilustra una dimensión crucial del viaje a YouTube, afirmando su importancia para lograr un éxito duradero.

APLICAR ESTRATEGIAS DE ÉXITO

La creación de contenidos impactantes se cita a menudo como la piedra angular del éxito en cualquier plataforma, y YouTube no es una excepción. Los contenidos atractivos que conectan con los espectadores no sólo mantienen su atención, sino que también les incitan a suscribirse y compartir. Para conseguirlo, los creadores deben centrarse en comprender a su público objetivo, identificar lo que resuena en él y adaptar el contenido en consecuencia. Aplicar técnicas de narración de historias mejora las conexiones emocionales, haciendo que los espectadores sean más propensos a invertir en el viaje de los creadores. Más allá de la narración, es imprescindible evaluar constantemente los comentarios y los análisis para adaptar y perfeccionar las estrategias de contenido. Esta voluntad de pivotar en función de la participación de la audiencia garantiza que el canal siga siendo relevante y continúe atrayendo nuevos suscriptores, lo que amplía las posibilidades de éxito. La optimización del canal es una estrategia técnica pero vital que a menudo determina la visibilidad de un creador en YouTube. Las palabras clave desempeñan un papel crucial a la hora de ayudar al algoritmo de la plataforma a evaluar la relevancia del contenido, por lo que los creadores deben emplear una investigación exhaustiva de palabras clave para mejorar la capacidad de descubrimiento del vídeo. Esto implica crear títulos, descripciones y etiquetas convincentes que se ajusten a los términos de búsqueda de moda relacionados con su nicho. Conocer y utilizar las listas de reproducción puede hacer que los espectadores permanezcan más tiempo en los canales, ya que ofrecen a los usuarios una forma organizada de consumir contenidos relacionados. Las miniaturas de alta calidad que destacan en el abarrotado panorama de YouTube son igualmente importantes, ya que influyen significativamente en las tasas de clics. Al dominar estas herramientas de optimización, los creadores pueden garantizar que su contenido llegue a un público más amplio, facilitando en última instancia el crecimiento del canal.

Adoptar un enfoque polifacético de las estrategias promocionales puede aumentar sustancialmente el alcance de un creador. Utilizar plataformas como Instagram, Twitter y TikTok permite a los creadores conectar con distintos segmentos de su audiencia y atraer tráfico a su canal de YouTube. La promoción cruzada con otros creadores también puede ser beneficiosa, ya que anima a los suscriptores a explorar y participar en nuevos contenidos. La coherencia es clave: mantener un calendario regular de subidas fomenta la expectación entre los espectadores y establece un ritmo fiable de consumo de contenidos. Y lo que es más importante, mantenerse adaptable e informado sobre las tendencias y los cambios en curso en el ecosistema de YouTube prepara a los creadores para afrontar los cambios con eficacia. Al integrar estas diversas estrategias, el camino hacia el cultivo de una base de suscriptores considerable no sólo es factible, sino también sostenible.

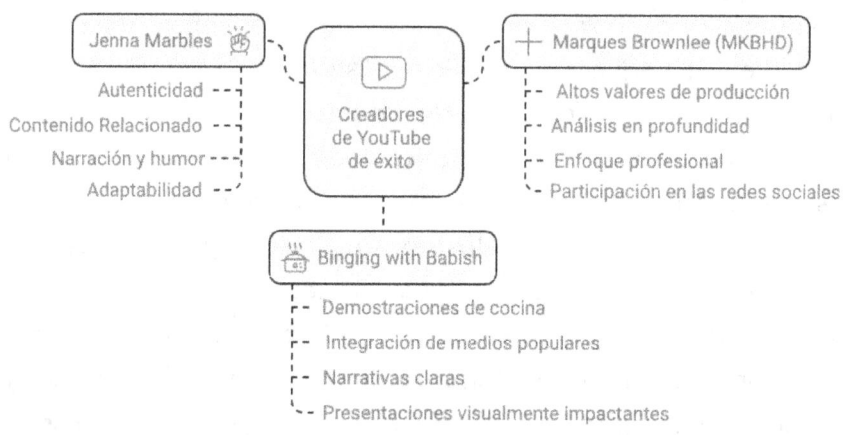

XXIII. EL FUTURO DE YOUTUBE

A medida que el panorama de los medios digitales sigue evolucionando, YouTube está preparado para implementar funciones innovadoras que podrían mejorar aún más la participación de los espectadores y la visibilidad de los creadores. Un área prometedora es la integración de la realidad aumentada (RA) y la realidad virtual (RV) en los contenidos de vídeo. Al permitir a los espectadores sumergirse en una experiencia de 360 grados, los creadores pueden desarrollar narraciones más cautivadoras y experiencias interactivas. Estos avances podrían democratizar la creación de contenidos, permitiendo a un mayor número de narradores compartir perspectivas únicas, al tiempo que proporcionan al público formas más dinámicas de interactuar con sus creadores favoritos. Los avances en la tecnología de IA podrían facilitar la mejora de las recomendaciones de contenidos, lo que llevaría a experiencias de visionado más personalizadas y a mayores niveles de retención de la audiencia. De este modo, YouTube puede mantener su relevancia en una era marcada por el rápido cambio tecnológico. El compromiso continuo de la plataforma con la diversidad y la inclusión también desempeñará un papel crucial en la configuración de su futuro. A medida que la sociedad se enfrenta a cuestiones relacionadas con la representación, YouTube tiene la oportunidad de convertirse en líder en la promoción de las voces de las comunidades infrarrepresentadas. Al dar prioridad a la distribución equitativa de contenidos y proporcionar a los creadores de diversos orígenes herramientas y recursos, la plataforma puede ampliar el espectro de narrativas que se comparten. Este compromiso no sólo es beneficioso para los creadores, sino que también enriquece la experiencia de visualización para el público que busca historias auténticas que resuenen con sus propias experiencias. Los algoritmos de YouTube podrían ajustarse para destacar una mayor variedad de contenidos, alterando de forma efectiva la jerarquía tradicional de los influencers, que a menudo da prioridad a los creadores convencionales. De este modo, la plataforma podría fomentar un tapiz más rico de contenido que refleje mejor la comunidad global.

De cara al futuro, es probable que el panorama de la monetización de YouTube experimente una mayor transformación, lo que podría presentar tanto oportunidades como retos para los creadores. A medida que los anunciantes busquen conectar con audiencias de nicho, los modelos de patrocinio y asociación de marcas pueden evolucionar, animando a los creadores a diversificar sus fuentes de ingresos más allá de la colocación tradicional de anuncios. Las plataformas de apoyo directo al espectador, como las afiliaciones y la venta de artículos, probablemente ganarán popularidad, permitiendo a los creadores cultivar relaciones más profundas con su audiencia. Este cambio también puede intensificar la competencia entre creadores, obligándoles a innovar continuamente y a perfeccionar sus marcas personales para destacar en un espacio cada vez más concurrido. Equilibrar la necesidad de integridad artística con las demandas del mercado podría convertirse en un reto fundamental a medida que los creadores de contenidos navegan por estos cambios, influyendo en última instancia en la trayectoria de sus canales y del ecosistema de YouTube en su conjunto.

TENDENCIAS EMERGENTES EN LA CREACIÓN DE CONTENIDOS

El panorama de la creación de contenidos está cambiando rápidamente, con nuevas tecnologías y plataformas que remodelan continuamente la forma en que los creadores se relacionan con su público. Una tendencia significativa es el auge de los contenidos inmersivos, sobre todo a través de la realidad virtual (RV) y la realidad aumentada (RA). Estas tecnologías brindan a los creadores una oportunidad única de ofrecer experiencias que trascienden los formatos de vídeo tradicionales, sumergiendo a los espectadores en entornos interactivos. A medida que el hardware se hace más accesible, los creadores de contenidos exploran cada vez más formas de integrar la RA y la RV en sus narraciones, mejorando el compromiso del espectador y creando experiencias memorables. Esta innovación no sólo amplía el alcance de los contenidos disponibles, sino que también desafía a los creadores a pensar fuera de los métodos convencionales, allanando el camino para una nueva era en la que el público puede participar activamente en las narraciones presentadas. Otra tendencia destacada que está transformando la creación de contenidos es la creciente influencia del streaming en directo. Plataformas como YouTube, Twitch e Instagram han popularizado el concepto de participación en tiempo real, permitiendo a los creadores interactuar con su público de forma instantánea. Esta inmediatez fomenta un sentimiento de comunidad y autenticidad, ya que los espectadores pueden ser testigos de la personalidad sin filtros del creador y participar en debates, encuestas y sesiones de preguntas y respuestas. El impacto de la retransmisión en directo va más allá del mero entretenimiento; permite a los creadores cultivar una base de seguidores leales y desarrollar conexiones más profundas con su audiencia. Como los algoritmos favorecen cada vez más los contenidos que fomentan la interacción de los espectadores, adoptar formatos en directo puede mejorar significativamente la visibilidad y la trayectoria de crecimiento de un canal en el competitivo ecosistema de YouTube. La adaptación continua es esencial para el éxito sostenido en la creación de contenidos, sobre todo a medida que evolucionan las preferencias de la audiencia. La integración de la analítica de datos en la estrategia de contenidos ha surgido como una tendencia crucial, que permite a los creadores tomar decisiones informadas basadas en el comportamiento de los espectadores y las métricas de participación. Este enfoque analítico permite a los creadores de contenidos identificar lo que más resuena entre su audiencia, optimizar los formatos de vídeo y perfeccionar su estrategia de marca. Comprender los datos demográficos y los hábitos de visualización de la audiencia puede ayudar a los creadores a adaptar sus contenidos a los nichos de mercado. A medida que se intensifica la competencia en plataformas como YouTube, los que aprovechan eficazmente los análisis para informar sobre su dirección creativa tienen más probabilidades de destacar, garantizando que su contenido siga siendo relevante y convincente en un panorama digital en constante cambio.

PREDICCIONES PARA LA PLATAFORMA

A medida que evoluciona el panorama digital, podemos esperar cambios significativos en el funcionamiento de plataformas como YouTube, sobre todo en cuanto a la selección de contenidos y la participación de los usuarios. En un futuro próximo, es probable que los algoritmos incorporen capacidades de inteligencia artificial más avanzadas que comprendan mejor las preferencias de la audiencia y sus hábitos de visionado. Esto podría conducir a una experiencia hiperpersonalizada, en la que a los espectadores se les ofrezcan contenidos que se ajusten casi perfectamente a sus intereses, empujando a los creadores a comprender los análisis de audiencia más profundamente que nunca. Estos avances probablemente recompensarán a los que se adapten rápidamente al cambiante entorno tecnológico, ya que la capacidad de producir contenidos que resuenen con segmentos específicos de espectadores es cada vez más crucial. Las tendencias emergentes sugieren que los formatos de vídeo se diversificarán significativamente, integrando más elementos interactivos para mantener la participación del público. Es posible que veamos un aumento de las transmisiones en directo y de las experiencias de realidad aumentada, que permiten una interacción más envolvente con el espectador. Los contenidos breves están ganando terreno, ya que las plataformas dan cada vez más prioridad a los vídeos del tamaño de un bocado que puedan captar la atención rápidamente. Esta evolución exige que los creadores de contenidos perfeccionen sus estrategias, experimentando con diferentes formatos para descubrir qué es lo que más resuena entre su audiencia. Al hacerlo, deben encontrar un equilibrio entre mantener su voz auténtica y adaptarse a las nuevas tendencias que atraen a los espectadores en un mercado saturado. Entender la monetización seguirá siendo una consideración vital para los creadores que quieran pasar de ser aficionados a productores profesionales de contenidos. A medida que se intensifique la competencia y surjan plataformas alternativas, YouTube podría ajustar sus políticas de monetización, incitando a los creadores a diversificar sus fuentes de ingresos. Esto podría incluir una mejor integración con la mercancía, modelos de suscripción y patrocinios, todo lo cual requiere un profundo conocimiento no sólo de la participación de la audiencia, sino también de la alineación de la marca. Aquellos que dominen estas nuevas estrategias de monetización al tiempo que fomentan la participación de la comunidad tendrán más probabilidades de prosperar en medio del cambiante panorama de la creación de contenidos digitales, garantizando no sólo la supervivencia, sino el éxito en el competitivo ecosistema de YouTube.

ADAPTARSE A LOS CAMBIOS FUTUROS

Navegar por el cambiante panorama de los contenidos digitales requiere un agudo conocimiento de las tendencias emergentes y los avances tecnológicos. Para los aspirantes a creadores de YouTube, la adaptación no es meramente beneficiosa; es esencial para sobrevivir en un entorno extremadamente competitivo. A medida que evolucionan los algoritmos, cambian las políticas de las plataformas y cambian las preferencias de los espectadores, los que se niegan a modificar sus estrategias corren el riesgo de quedarse obsoletos. Construir una mentalidad ágil permite a los creadores experimentar con formatos, temas y tecnologías, ya sea explorando géneros emergentes como el streaming en directo o incorporando nuevas técnicas de edición. Este enfoque dinámico no sólo mejora la calidad de los contenidos, sino que también cultiva la resistencia frente a retos imprevistos, sentando las bases de un crecimiento y un compromiso sostenidos.

Aprovechar el análisis de datos es una estrategia fundamental para medir la respuesta de los espectadores y ajustar el contenido. Examinando métricas como el tiempo de visionado, los índices de participación y la información demográfica, los creadores pueden tomar decisiones informadas sobre la dirección de sus contenidos.

Este enfoque analítico fomenta una comprensión más profunda de las preferencias de la audiencia, que puede guiar no sólo la creación de vídeos, sino también las estrategias de marketing. Los creadores deben evaluar periódicamente su rendimiento y estar dispuestos a cambiar en función de estos datos, ya sea ajustando la duración del vídeo, experimentando con diferentes miniaturas o colaborando con otros creadores para llegar a nuevos públicos. Esta adaptabilidad garantiza que el contenido resuene entre los espectadores, forjando una conexión más fuerte y fomentando la lealtad a lo largo del tiempo. En un ámbito en el que la perseverancia es crucial, mantener una mentalidad orientada al crecimiento permite a los creadores aceptar el cambio en lugar de temerlo.

El camino hacia el éxito en YouTube está marcado por el aprendizaje y la evolución continuos; es poco probable que las estrategias estáticas den resultados a largo plazo. Participar con la comunidad, solicitar opiniones y observar a los competidores puede dar lugar a ideas innovadoras que diferencien a un creador. A medida que evoluciona la propia plataforma, también deben hacerlo los creadores que la integran. Aceptar los retos no sólo refuerza la relevancia de un canal, sino que también inspira confianza entre los espectadores que buscan contenidos frescos y atractivos. La adaptabilidad transforma los posibles contratiempos en oportunidades de reinvención, garantizando que los creadores no sólo sobrevivan, sino que prosperen en un panorama digital en constante cambio.

XXIV. ERRORES COMUNES QUE DEBES EVITAR

Navegar por las complejidades de YouTube puede ser una tarea desalentadora, sobre todo para los recién llegados que no estén acostumbrados a las complejidades de la plataforma. Un error común que suelen cometer los aspirantes a creadores es subestimar la importancia de la participación de la audiencia. No interactuar activamente con los espectadores a través de comentarios, encuestas y publicaciones de la comunidad puede llevar a la desconexión, disminuyendo la inversión emocional que el público tiene en un canal. Los YouTubers de éxito entienden que fomentar el sentido de comunidad es fundamental; responder a los comentarios y solicitar opiniones puede convertir a los espectadores ocasionales en fans devotos. Este enfoque no sólo aumenta la fidelidad de los espectadores, sino que también fomenta mayores tasas de retención, lo que repercute positivamente en las métricas de rendimiento de los vídeos. Participar con la audiencia crea un diálogo que alimenta el crecimiento y mantiene informado al creador sobre lo que más resuena entre sus espectadores.

Otro escollo importante consiste en descuidar el poder de una marca coherente. Una estética incoherente -desde los diseños de las miniaturas hasta los formatos de vídeo- puede confundir a los suscriptores potenciales y diluir el mensaje de los creadores. Establecer una identidad de marca clara y reconocible en todo el contenido es esencial para causar una impresión memorable. Esto significa adherirse a un esquema de colores, un estilo visual y un tono de voz coherentes en cada publicación de vídeo. Los creadores deben optimizar los títulos y descripciones de sus vídeos para transmitir eficazmente su marca. Este nivel de coherencia refuerza la presencia del creador en el abarrotado espacio de YouTube, garantizando que los suscriptores actuales y potenciales puedan identificar fácilmente su contenido. Una marca bien definida no sólo ayuda a retener a la audiencia, sino que también facilita la aplicación de estrategias de colaboración y monetización, preparando en última instancia el terreno para el éxito a largo plazo.

Descuidar la importancia de los análisis puede obstaculizar gravemente el crecimiento en la plataforma. Muchos creadores cometen el error de ignorar la amplia gama de datos de YouTube disponibles en el Estudio del Creador. No analizar métricas clave como el tiempo de visionado, la retención de la audiencia y los porcentajes de clics puede llevar a perder oportunidades de optimización y perfeccionamiento del contenido. Al estudiar estos análisis, los creadores pueden identificar qué vídeos están funcionando bien y por qué, lo que les permite replicar estrategias exitosas en el futuro. Este enfoque basado en datos permite tomar decisiones sobre cuándo publicar, cómo adaptar el contenido a los intereses específicos de la audiencia y qué tipo de promociones pueden ser eficaces. En un panorama competitivo en el que las preferencias de los espectadores pueden cambiar rápidamente, ser adaptable y responder a los análisis puede ser la diferencia entre el estancamiento y el crecimiento explosivo de un canal.

ESCOLLOS EN LA CREACIÓN DE CONTENIDOS

Navegar por el panorama de la creación de contenidos a menudo revela varios escollos que pueden obstaculizar el progreso de un creador hacia el éxito en plataformas como YouTube. Uno de los principales retos es la abrumadora presión de producir contenidos de forma constante, lo que puede llevar al agotamiento y a la disminución de la calidad creativa. A menudo, los creadores se sienten obligados a subir vídeos a un ritmo vertiginoso, temiendo que cualquier lapso de tiempo suponga una pérdida de participación. Por desgracia, esta mentalidad puede sacrificar la originalidad y la pasión, dos componentes fundamentales de un contenido atractivo. Cuando los creadores dan prioridad a la cantidad sobre la calidad, el público puede perder rápidamente el interés, lo que lleva a un estancamiento en el crecimiento. Por lo tanto, encontrar el equilibrio entre mantener un programa de subidas constante y asegurarse de que cada pieza de contenido sea significativa se convierte en una lección vital para los YouTubers en ciernes. Igualmente significativo es el error común de ignorar los comentarios de la audiencia y los análisis. Muchos creadores comienzan su andadura con una visión personal de lo que creen que es atractivo, y a veces pasan por alto las preferencias específicas de su público objetivo. Comprender las métricas de participación de la audiencia, como el tiempo de visionado y la retención de espectadores, ofrece una perspectiva inestimable sobre lo que resuena entre los espectadores. Cuando los creadores descuidan este aspecto, corren el riesgo de alienar a su audiencia y producir contenidos que no satisfagan sus intereses. Aprovechar las reacciones -no sólo en los comentarios, sino también a través de las interacciones en las redes sociales y los análisis- permite a los creadores perfeccionar su enfoque y ofrecer lo que su audiencia desea. Esta capacidad de respuesta no sólo crea una comunidad leal, sino que también aumenta la probabilidad de crecimiento orgánico.

De cara al futuro, los creadores también deben estar atentos a la naturaleza cambiante de los algoritmos de las redes sociales. El algoritmo de YouTube es conocido por sus complejidades y frecuentes actualizaciones, que pueden afectar drásticamente a la visibilidad de los vídeos. Confiar demasiado en una estrategia única puede convertirse en una trampa si cambian las tendencias o si el enfoque de un creador ya no se alinea con la dinámica de la plataforma. Mantenerse informado sobre los cambios algorítmicos y experimentar con diversos tipos de contenido puede mitigar este riesgo. Fomentar la adaptabilidad permite a los creadores pivotar en respuesta a los cambios en los intereses de los espectadores y las tendencias externas, manteniendo así la relevancia. Adoptar la flexibilidad no sólo ayuda a mantener el compromiso de los espectadores, sino que también refuerza la resistencia del creador frente a las inevitables vicisitudes del panorama de los medios digitales.

ERRORES EN LAS ESTRATEGIAS DE MARKETING

En el competitivo panorama de YouTube, un paso en falso puede socavar significativamente la eficacia de una estrategia de marketing. Un error común consiste en no definir un público objetivo claro, lo que lleva a los creadores a producir contenido que carece de enfoque y no consigue atraer a los espectadores de forma significativa. Sin un grupo demográfico objetivo bien estudiado, resulta difícil adaptar el contenido para que resuene con el público al que va dirigido, lo que en última instancia se traduce en bajos índices de retención de espectadores y un crecimiento mínimo de suscriptores. Este descuido a menudo conduce a una imagen de marca incoherente, en la que la imagen general del canal se diluye y resulta confusa. Los creadores de éxito comprenden que un público objetivo preciso no sólo da forma a su contenido, sino que también influye en sus métodos de participación y actividades promocionales, reforzando así su capacidad de conectar auténticamente con los espectadores.

Otro error crítico surge de la falta de atención a la analítica de datos, que ofrece información inestimable sobre el comportamiento de la audiencia y el rendimiento de los contenidos. Muchos creadores principiantes pueden pasar por alto esta herramienta, confiando únicamente en la intuición o las preferencias personales a la hora de decidir qué producir a continuación. Ignorar los análisis puede conducir a fracasos repetidos, ya que el contenido que no se ajusta a los intereses o hábitos de visualización de la audiencia puede no ganar tracción. Los creadores que no supervisan activamente los resultados de sus esfuerzos de marketing pierden oportunidades de mejora y optimización. Al analizar qué vídeos funcionan bien y comprender los datos demográficos de la audiencia, los YouTubers de éxito pueden modificar su estrategia en tiempo real, asegurándose de que su contenido sigue siendo relevante y atractivo. Este enfoque basado en los datos permite a los creadores experimentar con confianza, participar en un marketing dirigido eficaz y perfeccionar sus estrategias para un crecimiento sostenido.

La adaptabilidad sigue siendo primordial en una plataforma en constante evolución como YouTube. Ceñirse a planes rígidos o estrategias obsoletas puede resultar perjudicial a medida que cambian los algoritmos y las preferencias de la audiencia. Los creadores que no se mantienen flexibles pueden descubrir que sus fórmulas, antes exitosas, son cada vez más ineficaces. Una estrategia de marketing que tuvo éxito un año puede no dar los mismos resultados en un contexto diferente, especialmente cuando surgen nuevas tendencias y fluctúan los patrones de participación de los usuarios. Así pues, los YouTubers de éxito evalúan continuamente sus contenidos y enfoques de marketing, ajustándolos para reflejar las normas y expectativas actuales. Esta voluntad de evolucionar no sólo aumenta la relevancia de sus canales, sino que también infunde una sensación de autenticidad que los espectadores aprecian, cultivando una base de audiencia leal que es crucial para el éxito a largo plazo.

EVITAR EL AGOTAMIENTO

Crear un canal de YouTube de éxito puede ser un viaje estimulante, pero es igualmente importante reconocer los posibles escollos del camino, sobre todo el riesgo de agotamiento. Como los creadores de contenidos a menudo se presionan para cumplir unos horarios exigentes y mantener el compromiso, la presión puede conducir al agotamiento emocional y físico. Reconocer los signos del agotamiento -como la fatiga, la disminución de la motivación y la irritabilidad- permite a los creadores aplicar medidas preventivas. Elaborar un plan de contenidos sostenible que priorice la calidad sobre la cantidad permite a los creadores producir material auténtico y atractivo sin sucumbir al ritmo frenético que se observa a menudo en el panorama digital. La gestión del tiempo desempeña un papel fundamental para evitar el agobiante estrés asociado a la creación de contenidos. Es esencial establecer horarios y límites realistas, para garantizar que los creadores dediquen tiempo no sólo a la producción de vídeo, sino también a la relajación y las actividades personales. Incorporar descansos y días libres a la propia rutina cultiva un estilo de vida equilibrado que, en última instancia, mejora la creatividad y la productividad. Relacionarse con otros creadores y fomentar una comunidad de apoyo también puede aliviar los sentimientos de aislamiento, ya que las experiencias compartidas y el ánimo pueden servir como sistemas de apoyo vitales durante los periodos difíciles.

Mantener la pasión por el oficio es un poderoso antídoto contra el agotamiento. Los creadores deben buscar continuamente la inspiración, ya sea a través de nuevas ideas, colaboraciones o revisando las razones fundamentales que despertaron su impulso inicial para convertirse en creadores de contenidos. Hacer hincapié en el crecimiento personal y la exploración permite a los creadores innovar sin la implacable carga de las expectativas. Cuando se prioriza la alegría de crear sobre las métricas y los algoritmos, la probabilidad de agotamiento disminuye significativamente, allanando el camino para el éxito sostenido y la autenticidad en el ecosistema siempre cambiante de YouTube.

XXV. RECURSOS PARA CREADORES DE YOUTUBE

Navegar por el vasto panorama de YouTube requiere una gran cantidad de recursos para desarrollar un canal sólido y captar una audiencia cada vez mayor. Entre las herramientas más valiosas de que disponen los creadores se encuentran el software de edición de vídeo y las aplicaciones de diseño gráfico. Programas como Adobe Premiere Pro y Final Cut Pro ofrecen funciones de edición avanzadas, que permiten a los creadores producir contenidos de alta calidad, visualmente atractivos y profesionales. Plataformas como Canva y Adobe Spark facilitan la creación de miniaturas y arte de canal llamativos, que son fundamentales para atraer a posibles suscriptores. Estos recursos no sólo mejoran la calidad estética de los vídeos, sino que también ayudan a establecer una identidad de marca cohesionada, contribuyendo en última instancia a la visibilidad y credibilidad de los creadores dentro de un mercado saturado.

Los análisis de datos desempeñan un papel fundamental a la hora de perfeccionar la estrategia de contenidos. Utilizar YouTube Analytics permite a los creadores examinar la participación de los espectadores, los datos demográficos y las fuentes de tráfico, datos que pueden dar forma a futuras decisiones sobre contenidos. Los creadores deben controlar métricas como el tiempo de visionado, las tasas de clics y la retención de la audiencia para identificar qué resuena entre su público. Complementar esto con herramientas como TubeBuddy o VidIQ puede revelar información aún más profunda sobre palabras clave y tendencias, guiando a los creadores para optimizar los títulos, etiquetas y descripciones de los vídeos en consecuencia.

Al aprovechar estas herramientas de análisis y optimización, los creadores no sólo pueden perfeccionar su contenido actual, sino también planificar estratégicamente futuras subidas que se ajusten a las preferencias de los espectadores, aumentando la probabilidad de atraer a nuevos suscriptores y mantener la fidelidad de los espectadores.

Nunca se insistirá lo suficiente en la importancia de la participación de la comunidad. Herramientas como las plataformas de redes sociales, los servidores Discord y los foros de creadores pueden fomentar la interacción entre los creadores y su público, mejorando la experiencia del espectador. Participar con comentarios, realizar encuestas y organizar sesiones de preguntas y respuestas en directo no sólo humaniza al creador, sino que también cultiva una base de seguidores leales que se sienten valorados e implicados en el canal. Las colaboraciones con otros creadores pueden ampliar el alcance y aportar nuevas perspectivas, impulsando el crecimiento de ambos canales. Los recursos para la creación de comunidades son esenciales para crear un espacio enriquecedor que promueva el debate y fomente un sentimiento de pertenencia entre los espectadores, sirviendo así de base para un éxito sostenido en YouTube.

CURSOS Y TUTORIALES EN LÍNEA

En la era digital actual, la proliferación de cursos y tutoriales en línea sirve de poderoso catalizador para los aspirantes a YouTubers que buscan perfeccionar sus habilidades. Estos recursos pueden tener un valor incalculable para cualquiera que desee navegar por las complejidades de la producción de vídeo, la estrategia de contenidos y la captación de audiencia. Plataformas como Coursera, Udemy e incluso el propio YouTube ofrecen experiencias de aprendizaje estructuradas que abarcan desde técnicas básicas de filmación hasta software avanzado de edición de vídeo. Los participantes pueden cultivar un conjunto de habilidades diversas, a menudo bajo la dirección de expertos del sector, que les ayudan no sólo en los aspectos técnicos de la creación de vídeo, sino también a comprender las demandas del mercado y las preferencias de los espectadores. Este enfoque integral dota a los creadores de las herramientas necesarias para producir contenidos de alta calidad, fomentando el crecimiento en un panorama competitivo.

La participación en tutoriales y cursos en línea permite a los creadores de contenidos descubrir diversas metodologías educativas, mejorando su adaptabilidad en YouTube. Aprender sobre prácticas SEO específicamente adaptadas al contenido de vídeo puede mejorar significativamente la visibilidad de un creador en la plataforma. Muchas plataformas de aprendizaje en línea proporcionan información sobre la dinámica de los algoritmos, que es crucial para posicionar estratégicamente los vídeos para que lleguen a un público más amplio. Los creadores pueden participar en foros comunitarios y proyectos colaborativos que fomentan el apoyo y los comentarios de los compañeros. Este aspecto interactivo mejora la experiencia de aprendizaje, impartiendo un sentido de responsabilidad y camaradería que puede ser fundamental para mantener la motivación a lo largo del propio viaje de crecimiento. La integración de tutoriales y cursos en línea en el conjunto de herramientas de un creador de YouTube es vital para un éxito sostenido. Con una base basada en el aprendizaje continuo y el perfeccionamiento de las habilidades, las personas pueden mantenerse en sintonía con las tendencias en constante evolución de la plataforma. Estos recursos educativos permiten a los creadores innovar y diversificar su contenido, creando propuestas de valor únicas que resuenen en diversos segmentos de audiencia. Aprovechando los conocimientos adquiridos en estos cursos, los aspirantes a creadores de contenidos pueden cultivar estratégicamente sus canales, lo que conduce a una mayor retención y participación de los suscriptores. Esta dedicación al aprendizaje no sólo posiciona a los creadores para el éxito inmediato, sino que también garantiza que se mantengan adaptables a los numerosos cambios del panorama digital, permitiéndoles prosperar a largo plazo.

LIBROS Y GUÍAS

En una era dominada por los medios digitales, los recursos completos sobre el crecimiento en YouTube pueden servir como herramientas inestimables para los aspirantes a creadores de contenidos. Las guías y libros dedicados a dominar la plataforma a menudo destilan las experiencias de YouTubers experimentados, presentando estrategias que han demostrado su éxito en el competitivo panorama de los contenidos online. Tanto si se centran en la creación de miniaturas atractivas para optimizar las tasas de clics como si hacen hincapié en la importancia de contar historias en los vídeos, estos recursos ayudan a desmitificar las complejidades de la captación de audiencia. Al analizar casos prácticos de canales que han logrado un crecimiento exponencial, los creadores obtienen información sobre las tendencias del mercado y la psicología del espectador, lo que les proporciona una base para crear su propio contenido centrado en el usuario. Armados con este conocimiento, los nuevos creadores pueden embarcarse en su viaje con más confianza y una hoja de ruta más clara.

No se puede exagerar el papel de las herramientas analíticas cuando se trata de refinar el contenido de vídeo y comprender la dinámica de la audiencia. Muchos libros sobre el éxito en YouTube destacan la importancia de la analítica de datos, que permite a los creadores tomar decisiones informadas sobre su estrategia de contenidos. Examinando de cerca los datos demográficos de los espectadores, el tiempo de visionado y las métricas de participación, los creadores pueden identificar lo que resuena entre su audiencia y ajustar su enfoque en consecuencia. Este proceso de mejora continua no sólo ayuda en la creación de contenidos, sino que también pone de relieve la necesidad de adaptabilidad en un entorno digital que cambia rápidamente. Con el tiempo, estos conocimientos permiten a los creadores hacer evolucionar sus estrategias y mantener la relevancia, sirviendo la analítica tanto de marco orientador como de vara de medir el crecimiento. Como tal, la incorporación de perspectivas analíticas puede transformar un enfoque intuitivo en una estrategia metódica que apoye el crecimiento sostenido de suscriptores. La creación de una marca personal es otro aspecto crucial explorado en las guías centradas en la excelencia en YouTube. Muchos recursos destacan la interacción entre la autenticidad y la marca, animando a los creadores a mostrar sus personalidades y conocimientos únicos. Esta voz distintiva fomenta una conexión más profunda con la audiencia, haciendo que el contenido sea más cercano y atractivo. Un creador que comparte con autenticidad su viaje, con sus retos y triunfos, fomenta la lealtad entre los espectadores que aprecian la transparencia. Establecer una imagen de marca sólida puede facilitar las sinergias entre plataformas, permitiendo a los creadores ampliar su alcance más allá de YouTube, utilizando las redes sociales y otros canales como extensiones promocionales. En un panorama en el que los espectadores suelen buscar conexiones por encima del mero entretenimiento, una marca personal bien definida puede ser el factor diferenciador que transforme a los espectadores ocasionales en suscriptores entregados, guiando en última instancia a los creadores hacia la consecución de sus objetivos.

GRUPOS DE APOYO COMUNITARIO
La participación en grupos de apoyo de la comunidad es un catalizador importante para los aspirantes a creadores de YouTube que quieren dejar su huella en la plataforma. Estos grupos suelen proporcionar tutoría y un sentimiento de pertenencia que puede mejorar enormemente la confianza y el desarrollo de habilidades de los creadores. En muchos casos, los recién llegados pueden compartir sus luchas y triunfos con personas de ideas afines que comprenden los retos únicos de la creación de contenidos. Más allá del apoyo emocional, estos grupos facilitan el intercambio de consejos prácticos, desde técnicas de optimización de contenidos hasta ideas para navegar por los algoritmos en constante evolución de YouTube. Estos entornos colaborativos fomentan la creatividad y la innovación, permitiendo a los creadores adaptar y perfeccionar sus estrategias en tiempo real, al tiempo que se inspiran en las experiencias colectivas de sus compañeros.
El poder de los grupos de apoyo comunitario va más allá del

mero estímulo moral; también pueden servir como plataformas eficaces para la creación de redes y la colaboración. Establecer conexiones con otros miembros del grupo puede abrir las puertas a posibles colaboraciones, en las que los creadores pueden coproducir contenidos o promocionar mutuamente sus canales. Esto es especialmente ventajoso para los que acaban de empezar, ya que las colaboraciones pueden aumentar exponencialmente la visibilidad y el número de suscriptores. Un creador con una audiencia pequeña pero comprometida puede beneficiarse de la exposición que le proporciona un socio más establecido, mientras que éste puede aprovechar las ideas frescas y la creatividad. Estas conexiones pueden dar lugar a oportunidades de aprendizaje a través de talleres o debates, ayudando a los miembros a mantenerse informados sobre las tendencias del sector y las mejores prácticas que pueden favorecer su crecimiento. La integración de los grupos de apoyo de la comunidad en la propia trayectoria en YouTube no sólo fomenta el crecimiento personal, sino que también crea una red sólida que potencia el éxito a largo plazo. Al aprovechar los conocimientos y recursos colectivos de otros creadores, las personas pueden navegar por las complejidades de la creación de contenidos con mayor facilidad y eficacia. Las experiencias compartidas dentro de estos grupos pueden iluminar varios caminos hacia la excelencia, ilustrando que el éxito a menudo no se consigue de forma aislada, sino a través de la sinergia creada por el compromiso y la colaboración. Para quienes están decididos a ampliar sus canales, las ideas y el estímulo obtenidos de estas comunidades pueden tener un valor incalculable y acercarles a su objetivo de alcanzar millones de suscriptores y establecer una presencia sólida en YouTube.

Recursos esenciales para los creadores de YouTube

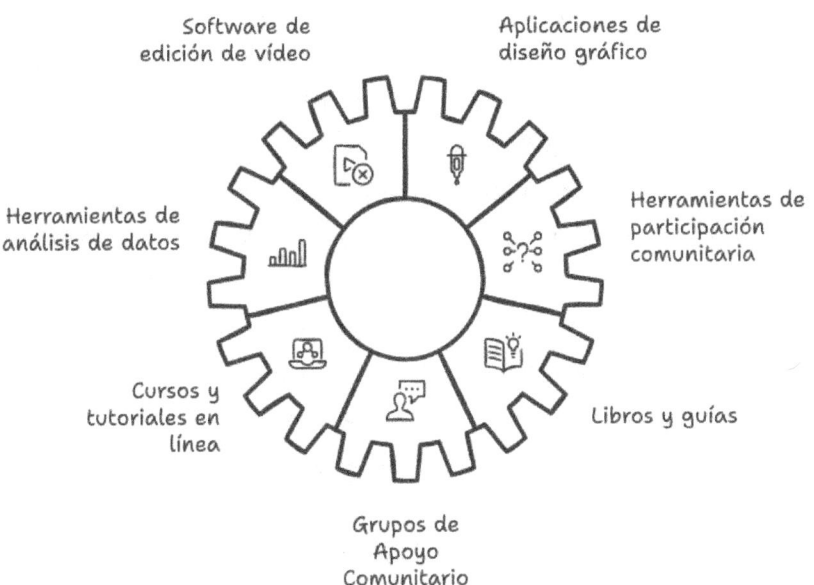

XXVI. CONCLUSIÓN

La culminación de esta exhaustiva guía se basa en la comprensión de que el éxito en YouTube no es aleatorio ni depende puramente de la suerte, sino que es el resultado de una planificación y ejecución estratégicas. A lo largo del viaje, hemos explorado los enfoques polifacéticos que emplean los creadores de éxito para atraer y retener a millones de suscriptores. Desde el establecimiento de una identidad de marca distintiva hasta el cultivo de la autenticidad en la difusión de contenidos, cada elemento desempeña un papel fundamental en el fomento de la fidelidad de la audiencia. Adoptando una estrategia metódica que incorpore una investigación exhaustiva de la audiencia y adaptando el contenido a sus preferencias, los creadores no sólo pueden aumentar su visibilidad, sino también consolidar su conexión con los espectadores.

El cambiante panorama de YouTube exige un compromiso de aprendizaje y adaptación continuos. A medida que surgen tendencias y cambian los algoritmos, mantenerse informado es esencial para cualquier creador que desee mantener su relevancia en un entorno competitivo. Los consejos prácticos que se exponen en este ensayo sobre análisis de datos, optimización de vídeos y estrategias de marketing sirven tanto de hoja de ruta como de caja de herramientas para navegar por estos cambios. Hacer hincapié en el compromiso y la coherencia, junto con un enfoque receptivo a los comentarios de la audiencia, permite a los creadores perfeccionar sus métodos y seguir siendo relevantes en medio de las cambiantes expectativas de los espectadores. El camino de la oscuridad a la prominencia en YouTube está marcado por la perseverancia, la adaptabilidad y un enfoque inquebrantable en la propia audiencia. Las personas que aprovechan las ideas estratégicas y se mantienen en sintonía con la dinámica de la comunidad mejorarán significativamente sus posibilidades de éxito. Se anima a los aspirantes a creadores de YouTube a ver los retos como oportunidades de crecimiento, transformando los contratiempos en lecciones que den forma a sus viajes únicos. Al adoptar los principios descritos en este ensayo, tanto los creadores noveles como los experimentados pueden dominar el arte de la creación de contenidos y lograr una presencia próspera en la plataforma, inspirando a las generaciones futuras en el camino.

RECAPITULACIÓN DE ESTRATEGIAS CLAVE

En el panorama en constante evolución de la creación de contenido en YouTube, es fundamental comprender y aprovechar la participación de la audiencia. Los creadores de éxito hacen hincapié en las interacciones auténticas con sus espectadores, fomentando una comunidad que se sienta implicada en el contenido. Esta relación se cultiva a través de una comunicación constante, como responder a los comentarios y solicitar opiniones para futuros vídeos. Al dar prioridad a las opiniones de los espectadores, los creadores pueden adaptar su contenido a lo que más resuena, lo que en última instancia aumenta la retención de espectadores y anima a los suscriptores a convertirse en participantes activos en el crecimiento de los canales. Estrategias como organizar sesiones de preguntas y respuestas en directo o crear encuestas pueden mejorar aún más esta conexión, haciendo que la audiencia se sienta valorada y apreciada, lo que a su vez puede transformar a los espectadores ocasionales en fieles seguidores.

Igualmente importante es el uso estratégico de la optimización de vídeo para garantizar una mayor visibilidad en un mercado saturado. Los creadores deben familiarizarse con los intrincados algoritmos de YouTube, centrándose en palabras clave relevantes, miniaturas atractivas y títulos convincentes que representen con precisión su contenido. No hay que subestimar el valor de los metadatos, ya que permiten que los vídeos se clasifiquen mejor en los resultados de búsqueda, facilitando que los suscriptores potenciales descubran el canal. El uso de herramientas analíticas proporciona información sobre el comportamiento de los espectadores, lo que permite a los creadores tomar decisiones basadas en datos sobre el estilo del contenido, la frecuencia de publicación y la selección de temas. Este enfoque analítico no sólo ayuda a comprender lo que funciona, sino que también permite identificar las tendencias emergentes, fomentando una estrategia proactiva que mantenga el canal relevante y atractivo. Las redes sociales son un poderoso aliado para atraer tráfico a los canales de YouTube. Mediante la promoción cruzada de contenidos en plataformas como Instagram, TikTok y Twitter, los creadores pueden llegar a diversas audiencias, atrayéndolas de nuevo a su canal principal. La coherencia en estas plataformas amplifica el reconocimiento de la marca y mejora el compromiso general. La adaptabilidad es crucial en un entorno digital que cambia rápidamente; los creadores deben estar preparados para pivotar sus estrategias en respuesta a las nuevas tendencias o actualizaciones de las plataformas. La adhesión a estas estrategias básicas -compromiso de la audiencia, optimización del vídeo y utilización de las redes sociales- crea un enfoque holístico para los aspirantes a YouTubers, ofreciendo una vía estructurada para transformar un canal incipiente en una presencia próspera y rica en suscriptores.

ÁNIMO A LOS ASPIRANTES A CREADORES
Embarcarse en el viaje de la creación de contenidos a menudo puede resultar abrumador, sobre todo cuando te enfrentas a la inmensidad de plataformas como YouTube. Muchos aspirantes a creadores se enfrentan a la duda sobre sí mismos y a la intimidante presencia de personas influyentes más consolidadas. La belleza de esta era digital es la democratización del contenido: cualquiera con un smartphone y una visión puede hacerse un hueco. Aceptar la curva de aprendizaje inherente a este proceso es crucial. Cada vídeo ofrece una oportunidad única de crecimiento, tanto en términos de habilidad como de participación de la audiencia. Recuerda que todos los creadores de éxito empezaron donde tú estás ahora: experimentando, aprendiendo de los comentarios y perfeccionando su arte con el tiempo. Celebra las pequeñas victorias a lo largo del camino, ya que sientan las bases para mayores logros en el futuro.

No se puede subestimar la importancia de la comunidad entre creadores. Trabajar en red con otros creadores de contenidos fomenta un entorno de intercambio y apoyo, donde las ideas pueden florecer. Relacionarse con otros que están en el mismo barco también puede aliviar la sensación de aislamiento que suele acompañar al viaje creativo. Plataformas como YouTube y las redes sociales permiten a los creadores conectar, compartir estrategias y ofrecer comentarios constructivos. Unirte a foros en línea o a reuniones locales también puede aportarte ideas que te impulsen hacia adelante. Al rodearte de una red de apoyo, puedes obtener inspiración y motivación para perseverar ante los retos. El desarrollo de estas relaciones no sólo mejora tu crecimiento personal, sino que puede dar lugar a oportunidades de colaboración que amplíen tu audiencia y amplifiquen tu mensaje. Mantener un enfoque coherente y adaptable es vital para el éxito a largo plazo en el panorama en constante evolución de YouTube. Los algoritmos cambian, las preferencias de la audiencia cambian y surgen tendencias, lo que exige un profundo conocimiento de la dinámica de las plataformas. Los aspirantes a creadores deben comprometerse a producir contenidos con regularidad, sin dejar de estar abiertos a la experimentación. Analiza el rendimiento de tus vídeos, utilizando análisis de datos para perfeccionar tu estrategia y comprender qué resuena entre tu audiencia. Este proceso iterativo de creación, análisis y ajuste no sólo mejorará tu contenido, sino que también creará resistencia ante los contratiempos. Recuerda, el camino hacia millones de suscriptores no es lineal; requiere perseverancia, creatividad y voluntad de evolucionar continuamente. Abrazando este viaje y manteniéndote firme en tu pasión, el éxito es alcanzable, y cada paso dado es un bloque de construcción hacia tu objetivo final.

REFLEXIONES FINALES SOBRE EL ÉXITO EN YOUTUBE

El éxito en YouTube requiere una intrincada mezcla de creatividad, coherencia y planificación estratégica. Haciendo hincapié en la importancia de la marca personal, los creadores deben establecer una identidad única que resuene con su audiencia. Este proceso comienza con el reconocimiento de los grupos demográficos objetivo y la adaptación del contenido para satisfacer las preferencias y necesidades de esas audiencias. A medida que los creadores de contenidos forjan su identidad, también deben invertir tiempo en la participación de la comunidad, respondiendo a los comentarios y fomentando un sentimiento de pertenencia entre los espectadores. Estas relaciones interactivas no sólo aumentan la fidelidad de los espectadores, sino que también fomentan la promoción boca a boca, que puede ser muy valiosa para el crecimiento. Ofrecer constantemente contenidos de calidad que reflejen la marca de los creadores refuerza la confianza y la retención de los espectadores, lo que en última instancia conduce a un crecimiento sostenido de los suscriptores y del compromiso.

Igualmente importante es comprender y aprovechar el algoritmo de YouTube, que influye enormemente en la visibilidad y el alcance. Los aspirantes al éxito en YouTube deben dar prioridad a la investigación de palabras clave y a la optimización SEO para asegurarse de que sus vídeos sean localizables. Esto incluye crear títulos convincentes, miniaturas atractivas y etiquetas precisas que coincidan con los temas de moda y los términos de búsqueda. El análisis de métricas como el tiempo de visionado, la retención de la audiencia y los porcentajes de clics puede proporcionar información crítica sobre qué tipos de contenido resuenan con mayor eficacia entre los espectadores. Los creadores deben considerar la posibilidad de experimentar con diversos formatos, duraciones y temas basándose en estos análisis para afinar su estrategia de contenidos. A medida que evolucionan las tendencias, la adaptabilidad se convierte en un componente vital, que permite a los creadores pivotar y actualizar su enfoque en respuesta a nuevos esfuerzos o cambios en las preferencias de los espectadores. Fomentar el éxito en YouTube va más allá de la mera generación de contenidos; abarca una mentalidad de aprendizaje e innovación continuos.

Aceptar la inevitabilidad de los retos, ya estén relacionados con los cambios de algoritmo, la saturación de contenidos o las críticas, es esencial para la resistencia a largo plazo. Implica cultivar un enfoque orientado al crecimiento que valore la retroalimentación y la experimentación. Trabajar en red con otros creadores también puede aumentar el alcance de uno e introducir nuevas ideas que impulsen un canal. Centrándose tanto en la calidad como en la conexión emocional con el público, los creadores pueden hacerse un hueco significativo en el vasto océano de contenidos digitales. Como se indica en este ensayo, el polifacético camino hacia el éxito en YouTube -basado en la estrategia, el compromiso con la comunidad y la adaptabilidad- ofrece una hoja de ruta inspiradora para los aspirantes a creadores que quieran pasar de la oscuridad a la prominencia.

LLAMADA A LA ACCIÓN PARA SEGUIR APRENDIENDO

El camino para convertirse en un creador de contenidos de éxito en YouTube va mucho más allá de las subidas iniciales; requiere un compromiso de aprendizaje y adaptación continuos. A medida que la plataforma evoluciona, también lo hacen las estrategias que conducen al éxito, lo que requiere un enfoque proactivo para adquirir nuevas habilidades y conocimientos. Participar en la plétora de recursos disponibles -desde cursos en línea y podcasts del sector hasta seminarios web y comunidades de creadores- puede mejorar significativamente la comprensión de la creación eficaz de contenidos. Este compromiso proactivo dota a los creadores de conocimientos actualizados sobre algoritmos, preferencias de la audiencia y habilidades técnicas. Al sumergirse en una cultura de aprendizaje continuo, los aspirantes a YouTubers no sólo mantienen su contenido fresco y relevante, sino que también se posicionan para anticiparse a los cambios de la industria, asegurando un crecimiento sostenido y relevancia en un panorama cada vez más competitivo.

La búsqueda activa de comentarios y la participación en la revisión por pares pueden iluminar puntos ciegos que los creadores pueden pasar por alto en sus autoevaluaciones. Este espíritu de colaboración fomenta una atmósfera en la que las ideas pueden florecer y evolucionar a través de la crítica constructiva. Establecer conexiones con otros creadores puede dar lugar a colaboraciones que amplíen el alcance y expongan al público a contenidos diversos. Reconocer y analizar los canales de éxito dentro de un nicho permite una comprensión más matizada de lo que resuena entre los espectadores, lo que lleva a los creadores a perfeccionar sus enfoques. Adoptar una mentalidad analítica tiene un valor incalculable, ya que permite a los creadores repetir sus estrategias, facilitando el crecimiento personal y profesional a medida que navegan por el polifacético ecosistema de YouTube.

El compromiso con la formación continua debe encarnar la mentalidad de un aprendiz permanente, permitiendo a los creadores mantenerse ágiles en un entorno digital que avanza a un ritmo vertiginoso. Los retos únicos de hacerse un hueco en YouTube pueden resultar abrumadores, pero aceptar el cambio e inclinarse hacia el proceso de aprendizaje puede catalizar el crecimiento personal y el éxito profesional. Creando un hábito de superación personal -ya sea a través de sinuosos caminos de ensayo y error o de un estudio en profundidad- los creadores de contenidos no sólo pueden mejorar su oficio, sino también cultivar una audiencia fiel que aprecie su evolución a lo largo del tiempo. La llamada a la acción es clara: aprovecha las oportunidades de crecimiento, invierte en educación y conviértete en un faro de adaptación y resistencia en el dinámico mundo de YouTube.

BIBLIOGRAFÍA

Brian Belland. 'El papel de la crítica en la comprensión de la resolución de problemas'. Homenaje a la obra de John C. Belland, Samuel Fee, Springer Nueva York, 27/05/2012

Ash Blodgett. 'Aprendiendo YouTube Analytics'. LinkedIn, 1/1/2020

Jorge Sergers. 'Técnicas de análisis para la adquisición de datos de coches de carreras'. SAE Internacional, 24/2/2014

Bruce C. Brown. 'La guía definitiva del marketing en buscadores'. Pay Per Click Advertising Secrets Revealed, Atlantic Publishing Company, 1/1/2007

, empreender. 'Social Media Marketing Made Simple'. Editora Bibliomundi, 16/12/2021

Greg Jarboe. 'YouTube y el marketing de vídeo'. Una hora al día, John Wiley & Sons, 7/10/2011

Simon Lennane. 'Creando Salud Comunitaria'. Intervenciones para una asistencia sanitaria sostenible, Taylor & Francis, 5/5/2023

Andrea Kupfer Schneider. 'Respuestas eficaces a comentarios ofensivos'. SSRN, 1/1/2008

Carolyn Jenkins. '7 segundos para conectar'. 3 Pasos para Atraer a tu Audiencia con Confianza, Habla con el Corazón, 18/8/2020

John Schwenkler. 'La Intención de Anscombe'. Una guía, Oxford University Press, 10/2/2019

MAX EDITORIAL. 'Guía de palabras clave de Amazon KDP: Cómo elegir las mejores palabras clave'. Max Editorial, 18/9/2024

Social Media ProCoders. 'Dominio SEO de YouTube: Optimizar tu canal para la búsqueda', de Mocktime Publication, 22/3/2023

Kyle Loudon. 'Mastering Algorithms with C.' Useful Techniques from Sorting to Encryption, "O'Reilly Media, Inc.", 8/5/1999

Rowan Everhart. 'El algoritmo de YouTube'. Descifrando el misterio, RWG Publishing, 7/9/2024

Charles E. Leiserson. 'Introducción a los algoritmos, tercera edición'. Thomas H. Cormen, MIT Press, 31/7/2009

Terry C Power. 'Comercializa tu negocio con los cortos de YouTube'. Power Publishing, 29/5/2024

Delano B. Gurley. '¿Estás pensando en escribir un libro? Esto es lo que necesitas saber'. Una guía paso a paso para escribir un libro de calidad que se venda rápidamente, The Door 2 Success Publishing, 18/9/2023

F. Scott Fitzgerald. 'El Gran Gatsby: Una Adaptación de Novela Gráfica'. Candlewick Press, 2/2/2021

Radana Dvorak. 'Pizarra Digital Interactiva SMART Board para Dummies'. John Wiley & Sons, 2/10/2012

Mason McCuskey. 'Programación de audio de juegos para principiantes'. Premier Press, 1/1/2003

Ashley Kennedy. 'Edición Avid. Guía para usuarios principiantes e intermedios', Sam Kauffmann, Taylor & Francis, 1/25/2013

Rachel Bastarache Bogan. 'Cómo editar vídeos que la gente quiera ver'. Renegade Digital Post, 1/7/2017

Joseph V. Mascelli. 'Las Cinco C de la Cinematografía'. Motion Picture Filming Techniques, Silman-James Press, 1/1/1998

Benjamin Reid Phillips. 'Storyboarding Essentials'. SCAD Creative Essentials (Cómo trasladar tu historia a la pantalla para el cine, la televisión y otros medios), David Harland Rousseau, Clarkson Potter/Ten Speed, 25/06/2013

Gay Gordon-Byrne. 'Compra, soporte y mantenimiento de software y equipos'. An IT Manager's Guide to Controlling the Product Lifecycle, CRC Press, 25/06/2014

Graham Swainson. 'Fundamentos de la producción de vídeo'. Des Lyver, CRC Press, 17/5/1999

Martin A. Sokoloff. 'Hablar con claridad'. Mejorar la voz y la dicción, sexta edición, Jeffrey C. Hahner, Waveland Press, 16/1/2013

Gareth Hardy. 'Smashing Logo Design'. El arte de crear identidades visuales, John Wiley & Sons, 5/12/2011

David Wisnom. 'Antes de la marca'. Crear el ADN único de una identidad de marca duradera, Alycia Perry, McGraw Hill Professional, 1/1/2003

Rachel Gogos. 'Construye tu marca personal'. La Guía Definitiva del Marketing Basado en el Alma, Amazon Digital Services LLC - Kdp, 12/12/2018

Angela Crocker. 'El Planificador de Contenidos'. Una guía completa para organizar y compartir tus ideas en Internet, Self-Counsel Press, una división de International Self-Counsel Press Limited, 1/1/2017

Estados Unidos. 'Departamento de Defensa. Oficina del Director de Administración y Gestión. 'Programa de Gestión de Formularios del DoD'. Manual de Procedimientos, Director de Administración y Gestión, Departamento de Defensa, 1/1/1995

Newt Barrett. 'Consigue contenido, consigue clientes: Convierte clientes potenciales en compradores con el marketing de contenidos'. Joe Pulizzi, McGraw Hill Professional, 5/2/2009

Moriah Elizabeth. 'Crea este libro'. Creative Outlet, 17/5/2015

Theresa Go. 'Canales de YouTube para Dummies'. Rob Ciampa, John Wiley & Sons, 9/1/2020

Lauralan Michael. 'Elegir Nichos Rentables'. Guía fácil para los primeros pasos, Publicación independiente, 11/4/2018

Leo Fitzpatrick. 'Cómo puedes convertirte en un YouTuber famoso en 2019'. Utiliza las estrategias más novedosas en redes sociales y marketing digital y publicidad en Facebook para hacer explotar tu marca personal y tu canal de YouTube en 2019, Amazon Digital Services LLC - KDP Print US, 3/2/2019

Lewis Dartnell. 'Orígenes'. Cómo la historia de la Tierra dio forma a la historia humana, Basic Books, 14/05/2019

Richard Saul Wurman. 'EntendiendoEntendiendo'. Publicación de Richard Saul Wurman y Jack Dangermond, 1/1/2017

Phillip C. Shon. 'Planifica tu ensayo'. SAGE, 24/06/2019

Derral Eves. 'La fórmula de YouTube'. Cómo cualquiera puede desbloquear el algoritmo para conseguir visitas, crear una audiencia y aumentar los ingresos, John Wiley & Sons, 24/2/2021.

Kelly J Mays. 'La Introducción Norton a la Literatura'. Duodécima edición, W. W. Norton & Company, 10/8/2015

www.ingramcontent.com/pod-product-compliance
Lightning Source LLC
Chambersburg PA
CBHW052249220526
45471CB00001B/262